Educando e elogiando Meninos

Saga
Livros & Conceitos

83-8831-6424 / 8731-1272 / 3247-3590

ELIZABETH HARTLEY-BREWER

Educando e elogiando Meninos

Tradução
Maria Clara de B. W. Fernandes

BestSeller

CIP-BRASIL. CATALOGAÇÃO-NA-FONTE
SINDICATO NACIONAL DOS EDITORES DE LIVROS, RJ

H264e

Hartley-Brewer, Elizabeth
Educando e elogiando meninos: 100 dicas valiosas para pais e educadores / Elizabeth Hartley-Brewer; tradução Maria Clara de B. W. Fernandes. - Rio de Janeiro: Best*Seller*, 2007.
Tradução de: Raising and Praising Boys
Inclui bibliografia
ISBN 978-85-7684-165-4

1. Meninos. 2. Elogio. 3. Crianças - Formação. 4. Amor-próprio em crianças. 5. Pais e filhos. 6. Professores e alunos. I. Título.

07-3540.

CDD: 649.1
CDU: 649.1

Título original inglês
RAISING AND PRAISING BOYS

Capa: Mello & Mayer
Editoração eletrônica: ô de casa

Impresso no Brasil

ISBN 978-85-7684-165-4

Sumário

Para Richard.
Com meus agradecimentos a todos os jovens
e adultos que me contaram suas histórias.

Introdução

Este livro foi escrito para pais com filhos de qualquer idade – bebês, crianças começando a andar ou adolescentes – e para os professores. A maioria das dicas abrange princípios gerais com ampla aplicação, mas várias se referem às idades e etapas do desenvolvimento das crianças, reconhecendo suas necessidades e percepções em transformação. Uma das lições mais importantes que aprendemos ao longo das últimas duas a três décadas é o quanto as crianças, independentemente de sua idade, se beneficiam com elogios de pais e professores. Elas reagem muito melhor ao feedback positivo e incentivo do que a ameaças, críticas ou castigos. Muitos pais e professores achavam difícil usar o que consideravam palavras lisonjeiras, especialmente com os meninos; e, em embora alguns ainda pensem assim, agora a maioria das pessoas está bastante familiarizada e à vontade com frases comumente usadas para elogiar na medida certa.

O elogio tem sido visto como um modo de aumentar a auto-estima das crianças, ajudá-las a se sentir confiantes, realizar seu potencial e estar bem consigo mesmas. Muitos não percebem que o elogio também traz benefícios mais amplos para as crianças na vida social, porque pode incentivar a autodisciplina e o comportamento moral. Contudo, nada na paternidade ou entre as crianças é igual. Por exemplo, os meninos e as meninas freqüentemente reagem ao elogio de modo diferente e precisam ter sua confiança reforçada em áreas distintas. Além disso, começamos a perceber que, se o elogio for usado em excesso, por motivos pessoais ou dirigido ao tipo errado de atividade, na verdade pode ser inútil. Quando o elogio é excessivo, muito ostensivo ou exagerado, os meninos podem se tornar dependentes dele e exigir afirmação e aprovação constantes, ou tratá-lo com indiferença. Outra possibilidade é começarem a duvidar da mensagem ou do mensageiro, fazendo todos perderem seu tempo; ou se acharem super-espertos e especiais, aborrecendo os demais com sua arrogância quando, na verdade, são apenas crianças normais. Os meninos também podem se sentir sufocados por comentários positivos ou negativos sobre tudo o que fazem e tendem a representar para desviar a atenção microscópica e o julgamento contínuo.

Além disso, há um crescente temor de que o excesso de exposição a elogios torne as crianças mimadas pelas recompensas, paralisadas pela "diminuição dos desafios intelectuais", incapacitadas pela ansiedade ou, em última análise, leve-as a ter dificuldade em enfrentar os verdadeiros desafios. Elas podem esconder sua ansiedade com manifestações de ousadia e bravatas em outras esferas. E existe a preocupação de que os meninos estejam sendo fragilizados com mimos e percam a capacidade de resistência valorizada em outras sociedades. Para que o elogio seja realmente eficaz, temos de ser cuidadosos e entender integralmente seus prós e contras, seu valor mais amplo e as abordagens mais seguras, considerando-se a sensibilidade particular aos meninos.

É isso que este livro tenta alcançar. Os primeiros capítulos (1 a 6) apresentam princípios básicos, técnicas e objetivos do elogio. O Capítulo 1 desenvolve um entendimento do elogio que apóia a idéia por trás das cem dicas que se distribuem igualmente entre os restantes dez capítulos seguintes. O Capítulo 4 permite que os leitores reflitam sobre características importantes do desenvolvimento infantil. Por isso, relaciona princípios e técnicas conforme a idade e a etapa de desenvolvimento de cada menino. Os últimos capítulos (7 a 10) consideram as sutilezas e os possíveis perigos do elogio, e o final convida os leitores à auto-reflexão. Todas as dicas foram escritas de maneira independente e por isso podem ser examinadas ao acaso, mas você vai apreciar ler pelo menos a apresentação de cada capítulo, para obter uma visão geral. Este é um livro para se reler em muitas ocasiões.

Para oferecer uma amostra do que *Educando e elogiando os meninos* o ajudará a compreender, considere as questões a seguir e tente descobrir as diferenças-chave entre as possíveis respostas:

Quando seu filho se sai particularmente bem em alguma situação, o que você diz?

- Realmente me orgulho de você por ter conseguido isso!
- Espero que você sinta orgulho de si mesmo – deveria sentir.
- Você provavelmente se orgulha de ter conseguido isso.
- Eu me orgulho muito de você e de que seja meu filho.

Se seu filho entra para o time de futebol da escola, você...

- Diz: "Ótimo! Quantos outros tentaram para quantas vagas?"
- Promete continuar a acompanhá-lo para desenvolver ainda mais as habilidades dele.
- Vai com a família a todos os jogos para lhe dar apoio.
- Vai sozinho e grita palavras de incentivo da linha lateral.

Quando seu filho arruma o quarto dele sem que lhe peçam, você...

- Dá um abraço nele e lhe traz uma bebida fria ou quente.
- Agradece, mas ri e diz que gostaria de saber quanto tempo isso vai durar.
- Dá dinheiro a ele, e espera que isso o convença a continuar a realizar esse bom trabalho.
- Faz comentários positivos sobre seu progresso e lhe pergunta como teve essa idéia.

Agora, continue a ler!

Capítulo 1

Entenda o elogio e como os meninos reagem a ele

As crianças adoram elogios; é claro que sim, porque a maioria de nós fica feliz com cumprimentos e apreciação. Contudo, as crianças devem ser elogiadas por mais do que apenas o prazer que isso lhes dá, ou porque as ajuda a se esforçar mais. O elogio precisa ser uma parte central da criação dos filhos porque supre a maioria de suas necessidades básicas. Em outras palavras, o elogio não é apenas um luxo, a satisfação de um capricho que podemos evitar, se preferirmos. As crianças precisam se sentir importantes para alguém, acreditar que alguém se importa o bastante com elas para tratá-las com carinho. Isso é no mínimo tão relevante quanto serem adequadamente alimentadas e vestidas. As crianças precisam se sentir seguras, acreditar e confiar nesse carinho, o que é possível quando se sentem valorizadas e importantes na vida de quem cuida delas. Também precisam de direcionamento amigável e cordial, apoio e orientação sobre como devem levar sua vida. Por isso precisam ouvir o que devem fazer, em vez de o quão constantemente fracassam e desapontam. E, para que um menino se desenvolva, precisa ouvir que é capaz, apreciado e que dá satisfação – particularmente aos pais.

O elogio tende a ser encarado como algo falado, expresso com palavras, mas podemos transmitir de muitos modos nosso contentamento, aprovação e apreciação. Abraços, sorrisos, recompensas e toques, como veremos no Capítulo 6, têm seu papel e às vezes são mais eficazes, porque podem ser mais espontâneos e diretos. Até mesmo o vocabulário usado no elogio é mais variado do que a princípio parece, porque o termo "elogio" inclui muitos tipos de frases e expressões que transmitem apreciação, reconhecimento ou puro prazer. As diferenças são importantes, como ficará claro quando as dicas a seguir forem examinadas.

É muito frustrante perceber que nem todo elogio é útil: justamente quando pensamos que estamos agindo certo, as pessoas dizem que podemos estar errados. A boa notícia é que não é tão complicado aprender quais expressões e frases tendem a apoiar a conquista e quais sentimentos podem se tornar confusos ou opressivos e causar problemas. Os relacionamentos eficazes são sempre aqueles que conseguem equilibrar uma série de necessidades, perfis e objetivos. Basicamente, o elogio construtivo é útil e encorajador: fornece informações detalhadas relevantes; é crível, e portanto não é vazio ou falso; e também pode mostrar o caminho à frente. O mais importante é que quem o recebe deve permanecer no pleno comando de seu progresso e ter oportunidade de confiar em sua capacidade de julgamento.

A energia que permite ao menino tirar vantagem da oportunidade é a fé em si mesmo. Essa crença é nutrida quando o menino se sente genuinamente capaz porque sabe em minúcias o que fez certo (o que significa que sabe que pode fazê-lo de novo), reconheceu os erros que cometeu no passado e agora sabe como evitá-los (o que significa que os fracassos foram enfrentados, e não ignorados), e se sente seguro de que é amado incondicionalmente e aceito pelo que é, e não por corresponder ao ideal de outra pessoa ou ser especialmente bom em alguma coisa. Raramente é útil celebrar todo sucesso e ignorar todo fracasso. Assim como certos tipos de elogio podem ser inúteis, a crítica pode ser construtiva – quando os erros são reconhecidos, identificados e corrigidos, e os ajustes necessários são expostos de forma clara.

Os meninos realmente precisam tanto de afirmação e reconhecimento quanto as meninas, mas dada a cultura, principalmente dos meninos mais velhos, de serem "indiferentes", não quererem ser considerados "caxias" e desejarem conseguir sem aparentemente tentar, qualquer elogio ou recompensa precisa ser oferecido discretamente, com o mínimo de alarde. Os meninos não só ficam constrangidos com o elogio aberto (seja em público ou em particular), como também desconfiam dele. Tendem a se sentir potencialmente manipulados pelo elogio, em vez de seduzidos por ele.

Quando feito aos meninos mais velhos, o elogio precisa ser demonstrável como um fato – descrever muito bem o que foi realizado – ou sucinto. Os homens jovens tendem a se mostrar confiantes, às vezes em um grau que esconde o medo do fracasso. Quando os meninos não conseguem fazer o que é esperado, freqüentemente é porque subestimaram a situação e se descuidaram da preparação necessária. Nesse caso, a reação mais útil é incentivá-los a examinar detalhadamente o que não conseguiram administrar para que saibam com clareza o que precisarão fazer da próxima vez. Não lhes deve ser permitido esconder-se atrás de uma afirmação generalizada de que terão sucesso da próxima vez porque se concentrarão mais, terão um professor diferente ou começarão a trabalhar com afinco mais cedo.

Os meninos precisam ser claramente valorizados por adultos do sexo masculino, especialmente os pais. Por volta dos 8 anos, eles começam a desprezar as meninas e outras mulheres e a desafiar cada vez mais suas mães e professoras enquanto exploram sua identidade de macho e afirmam sua masculinidade. A aprovação feminina pode se tornar menos valorizada por algum tempo.

Os meninos de qualquer idade, mas particularmente os mais novos, acham bastante difícil se concentrar e se aplicar. A perseverança não é seu forte. Eles ficam facilmente entediados e distraídos. Para incentivá-los a permanecer empenhados e concentrados, todo feedback positivo deve ser oferecido em pequena quantidade e com freqüência, mas sempre discretamente. Se esperarmos até o final do que quer que eles devam estar fazendo, poderá ser tarde demais.

Os meninos precisam ser estimulados a se tornar mais organizados e se planejar com antecedência, e podem precisar de incentivos e recompensas para se manter concentrados. Geralmente mais sintonizados com o poder, apressam-se a negociar as recompensas oferecidas e podem alterá-las em proveito próprio. Precisarão ser incentivados e admirados por qualidades pessoais que demonstrem dedicação e participação, amizade e confiabilidade, e não apenas por sua força ou atos que garantam a sobrevivência.

Capítulo 2

O objetivo do elogio

Para que serve o elogio? Pode parecer desnecessário responder a essa pergunta, mas é importante que fique claro o que estamos tentando conseguir para que isso nos ajude a saber se o que dizemos e fazemos é totalmente benéfico e não tem efeitos colaterais. Por exemplo, é claro que os pais querem ajudar seus filhos a crescer com auto-estima. A auto-estima e a forte crença em si mesmo são realmente atributos valiosos. Contudo, seu valor é diminuído quando surgem à custa do profundo autoconhecimento (porque lhes é dito que são maravilhosos em tudo), das amizades sólidas (porque são afastadas pela arrogância), da determinação e da perseverança (porque nunca foi preciso enfrentar e superar contratempos). Elogiar certas reações e atitudes, como a ponderação, pode ajudar a desenvolver a consciência moral, convidando as crianças a refletir sobre o próprio comportamento e como mudá-lo; mas, se o acúmulo de elogios leva o menino à obsessão em relação a si mesmo e ao excesso de confiança, sua consciência do impacto que tem nos outros pode ser diminuída. Para saber se nossos comentários afirmativos e atos são úteis, devemos conhecer todo o conjunto de objetivos possíveis desejáveis e as diferentes categorias e estilos de feedback positivo.

Eis alguns termos, todos começando com a letra A, que ajudam a nos concentrar nos vários objetivos mais profundos dos elogios, além dos óbvios.

Afirmar; Apreciar; Aprovar; Admirar; Atender; Antecipar; Atingir; Admitir; estar Alerta e Atento; Aspirar

Cada um desses dez objetivos simples é examinado como uma dica separada neste capítulo.

É útil considerar o elogio em termos de zonas de tempo. Embora cada encontro e cada incidente se situem no presente, um objetivo-chave do elogio – e do apoio e do encorajamento – é ajudar o menino a se sentir otimista em relação ao futuro, confortável no caminho que vem percorrendo desde o passado e satisfeito com o presente. Quando nós o *encorajamos*, nosso foco é no futuro – tentamos convencer o menino sob nossos cuidados de que ele superará qualquer dificuldade atual para ser bem-sucedido. Portanto, geramos fé, esperança, confiança e lhe damos ânimo. Quando claramente *apreciamos* sua companhia e suas conquistas, manifestamos nossa felicidade e satisfação com quem ele é, no presente. Quando *endossamos* suas ações, visão do mundo, abordagens do aprendizado e sentimentos, aceitamos as partes dele que foram formadas por seu passado. Se os meninos se sentem bem com seus comportamentos e experiências do passado, mesmo que tenham sido difíceis, tornam-se mais capazes de olhar para o futuro com otimismo. Não é útil para os pais ou os entes queridos fazer um menino se sentir envergonhado ou culpado de seu passado ou tentar varrê-lo em uma tentativa de refocar e recomeçar.

1 Afirme – para ajudá-lo a se sentir forte

P: *Se seus pais não o elogiam diretamente, como pode saber que estão satisfeitos com você?*

R: *Quando eles me deixam em paz e me permitem fazer as coisas sem me amolar. (16)*

R: *Quando eles me dão mais responsabilidades, demonstram que confiam em mim. Isso me dá prazer e soa como um elogio. (15)*

Afirmar uma criança é confirmar claramente que ela é aceita como é. O termo corresponde a um vocábulo latino que significa "firme". Portanto, sugere força. Nossa afirmação é uma declaração de forte apoio, que também fortalece a criança que a ouve.

Afirmar é fazer uma declaração neutra e isenta de julgamentos. Sua essência é descritiva. Uma afirmação é poderosa e valiosa porque é capaz de abranger o passado, o presente e o futuro – de endossar e encorajar. Nós não temos de esperar um evento ou uma conquista em particular para falar claramente. A qualquer momento, podemos ajudar nosso filho a entender quem ele é, descrevendo o que vemos – suas qualidades, personalidade, gostos e aversões, seus talentos particulares – e depois confirmar o quanto o apreciamos e amamos.

Pais

- Pense em maneiras de descrever como seu filho pensa e age que o farão se sentir confiante e forte:
  - "Adoro o modo como seus olhos se apertam nos cantos quando você ri."
  - "Notei como você organizou bem o jogo de futebol no parque, o que me faz pensar que é bastante responsável para ir à cidade com seus amigos no fim de semana."
- Peça que ele o ajude com tarefas porque é boa companhia ou é bom nesse tipo de coisa.

Professores

- "Gosto de suas idéias e do que está tentando dizer. Elas ficariam mais claras e convincentes se você as separasse. Tente anotar cada idéia e pensar em como elas se ligam ao restante."
- "É claro que você achará que o Carl passou à sua frente porque está usando o computador antes de você, mas esta classe concordou com a ordem alfabética."

2 Aprecie as conquistas dele

Para uma criança pequena, cada dia traz novos desafios e novas conquistas. Um dia ela pode não conseguir fazer alguma coisa e no dia seguinte sim. A vida é uma experiência de crescimento na qual cada dia se torna mais controlável para que a competência possa se desenvolver. Essas conquistas se tornam a expressão do ser, e é essencial que sejam devidamente apreciadas.

Um dos significados de "apreciar" é "ser sensível a". Essa é uma definição significativa. Sugere que devemos ser suficientemente sensíveis para ver as coisas no nível e nos termos dele: em relação aos desafios, dificuldades, limitações e capacidades dele, não às nossas expectativas.

A "apreciação" também inclui a noção de valor crescente, como no valor de imóveis ou outras formas de aplicação. Cada criança pode ser vista como nosso ativo mais valioso. Ela perceberá que cresce em sua estima sempre que você a aprecia, e aprecia o que conseguiu realizar. É claro que você também a ama, e a considera tão importante como sempre, mas a criança de fato progride rapidamente quando sente que aqueles em quem confia e que ama do fundo de seu coração acreditam que ela tem o potencial de se desenvolver e impressionar.

Pais

- "Conquista" pode ser algo muito amplo: progresso em leitura, sociabilidade, matemática, altura, alcance, habilidades com a bola, capacidade de se vestir sem ajuda, ter confiança, aprender a nadar, arrumar a mochila para a escola ou passar a noite com um amigo podem ser eventos claramente apreciados.
- A apreciação energiza – quando as crianças sabem que você as aprecia sentem-se capazes de seguir em frente. Aquelas que obtêm pouca apreciação podem ficar paralisadas emocionalmente e em seu desenvolvimento e também com o moral abatido.

Professores

- Muitas escolas têm sistemas de recompensa que reconhecem as conquistas individuais, em vez de o que é excepcional para o grupo.
- Aprecie uma grande variedade de habilidades e conhecimentos, não apenas os relacionados com o aprendizado acadêmico, no qual a maioria das lições se concentra.

3 Aprove quem ele é

A aprovação é o sinal verde para o crescimento, para continuar do mesmo modo porque ele é adorável e ótimo do jeito que é. O menino precisa disso não só de sua mãe, como também de seu pai, se for possível; se não for, precisa de uma figura paterna alternativa que o conheça bem e se preocupe com seu bem-estar. Assim que o menino começa a se identificar mais com o sexo masculino, a partir mais ou menos dos 8 anos, beneficia-se em contar com um homem maduro não só para aprová-lo como também para agir como um modelo positivo enquanto ele explora idéias de masculinidade e o que isso poderia significar para ele. Amigos do sexo masculino, tios, primos ou um vizinho amigável podem entrar em cena quando não há um pai presente. Em todo caso, a mãe deve tomar cuidado para nunca depreciar os homens ou as características masculinas na frente do menino, e pode ajudar falando bem dos homens em geral ou em particular, sempre que possível.

Mas o sexo é apenas um aspecto da identidade do menino – uma das muitas cores posteriormente acrescentadas à paleta de sua personalidade. Ele já é um indivíduo e precisa de aprovação, apesar de todos os seus pontos fortes, fracos, temores, hábitos e excentricidades.

Pais

- Ouça a versão dele da história – pressuponha o melhor de seu filho, não o pior.
- Deixe que seu filho lhe fale sobre seus desapontamentos e perceba o que significam para ele.
- Respeite as idéias de seu filho sobre a escolha do que brincar ou do que vestir; os métodos dele para estudar; e as preferências dele quando são importantes.
- Ouça o que seu filho tem a dizer, guardando a própria opinião para si, a menos que ele a peça.

Professores

- Evite estereotipar – cada menino é único, não uma réplica de alguém, nem mesmo de um irmão mais velho.
- Admita que o ponto de vista de cada aluno será o resultado de suas experiências particulares ao longo dos anos.
- Aceite que crianças diferentes aprendem de modos diferentes e seja tolerante para com o estilo pessoal preferido.

4 Admire, em vez de adorar

Quando os pais colocam os filhos em um pedestal, isso lhes dá um papel muito difícil de representar. A maioria deles preferiria não sofrer tamanha pressão. A conversa a seguir entre uma mãe e seu filho de 2 anos mostra o problema:

– Eu adoro você, Jamie!
– Não me adore, mamãe.
– Por quê?
– Porque eu choro muito.

O que Jamie estava tentando dizer era: é demais para mim sempre me comportar de um modo que a agrada e a faz me adorar. Eu sei que não sou assim tão bom o tempo todo, porque choro muito, o que a deixa de mau humor, e sei que você não me adora quando faço isso.

Adoração é uma forma de idolatria, e as crianças não gostam de ser tratadas como deuses. Você pode adorar em segredo, porque a maioria de nós acha que os filhos vieram do céu, mas devemos ser mais comedidos. Nós podemos admirar como qualquer menino sob nossos cuidados lida com determinada situação; como consegue superar seus medos ou como lida com um problema. Ele perceberá que está no comando nesses momentos, e a ocasião é peculiar. Mas o que ele não pode controlar diretamente são nossos sentimentos: esses são problema nosso, e é injusto sobrecarregá-lo de responsabilidades por eles. Mesmo quando ele chora, devemos mostrar que o amamos por ser quem é.

Pais

- Não coloque seu filho em um pedestal. Deixe-o se sentir especial para você porque é seu, mas normal em relação aos seus iguais.
- Mostre admiração pelo que ele faz: "Bem pensado", "Ótimo trabalho!", "Idéia brilhante", mas não adore o chão em que ele pisa.
- Mantenha-o livre de obrigações emocionais para com você: não exija que conquiste seu amor ou se comporte de um modo que deixe você em êxtase.

Professores

- Os professores não tendem a "adorar" determinada criança em sua classe, mas é bastante comum que tenham uma ou duas favoritas. Geralmente, os meninos se sentem desconfortáveis sendo favoritos – isso os distingue quando prefeririam ser como os colegas.
- Tente manter até mesmo sua admiração bem proporcionada e sempre confidencial. Elogios públicos a um bom trabalho podem levar a piadas sobre ser o queridinho do professor. Por exemplo, fale rapidamente com ele na hora da saída ou, se você usar e-mail na escola, envie-lhe uma breve mensagem.

5 Atenção é o que todos os meninos realmente querem

Odeio quando os adultos me ignoram! Isso faz com que eu me sinta como uma formiga. (10)

As crianças precisam ser notadas. São criaturas muito pequenas em um mundo enorme que certamente lhes parece confuso e até mesmo assustador. Nossa atenção as apóia e estimula; além de lhes dar energia e confiança para encontrar o próprio caminho. Sem ela, podem se sentir perdidas, pequenas e insignificantes como uma formiga.

Os meninos também precisam de apreciação. Quando são pequenos, aprendem com uma rapidez que esgotaria a maioria dos adultos. Sentem um prazer especial em adquirir maior controle de seu corpo e mais independência à medida que se tornam mais altos, fortes e coordenados. Podem ter um enorme sentimento de orgulho quando alcançam o topo do trepa-trepa, aprendem a realizar proezas em suas bicicletas ou apenas se tornam suficientemente altos para abrir o congelador ou alcançar a torneira e o interruptor de luz. Nesses momentos de triunfo pessoal, todo o seu ser grita "Olhe para mim!". Se estivermos ausentes física ou mentalmente, eles podem ficar desanimados e cabisbaixos.

Pais

- Lembre-se de que busca por atenção geralmente é necessidade de atenção. Dedique mais atenção a seu filho quando ele começar a importunar e irritar, mas somente depois de se acalmar.
- Quando estiver com ele, dê-lhe toda a sua atenção: não atenda o telefone; não entre sorrateiramente em uma cafeteria com um amigo em seu passeio especial; e, posteriormente, refira-se a conversas ou episódios especiais, para que seu filho saiba que se lembra deles.
- Pense em suas atitudes diárias que poderiam fazê-lo se sentir excluído e em modos de envolvê-lo mais; por exemplo, você poderia lhe mostrar seu local de trabalho?

Professores

- Identifique os meninos que são calados, retraídos ou "se tornaram quietos". Fale um pouco com cada um deles depois da aula ou na escola várias vezes durante as próximas três ou quatro semanas.
- Se um menino quieto estiver com amigos quando você passar, deixe-o com eles ou pergunte se ele dispõe de um momento para falar com você. Tente incluir na conversa um assunto prático, assim como algo afirmador para que ele possa ter uma resposta segura para dar aos amigos se lhe perguntarem o que você queria.
- Apenas um sorriso e um "Como estão as coisas?" podem ser suficientes.

6 Antecipe-se aos problemas e sentimentos dele

Os meninos, mais do que as meninas, vivem no presente. Eles agem e reagem rapidamente, querem fazer logo as coisas e seguir em frente. Tendem menos a pensar nas possíveis conseqüências de seus atos e, portanto, a se meter mais em encrencas. Também tendem a bloquear pensamentos sobre eventos que prefeririam que não estivessem acontecendo, ou desejam que não tenham de acontecer – como arrumar a cama, fazer as malas para um feriado ou revisão de exames – e, em vez disso, se apegam à sua crença de que lidarão com esses fatos quando for preciso. Mas, por mais que sua espontaneidade jovial e ativa seja maravilhosa, eles precisam se preocupar mais com o futuro, porque têm de aprender a planejar, antecipar, ser cuidadosos e dedicados, bem como assumir responsabilidades.

Demonstre com exemplos e tente prever como ele poderia reagir a algo potencialmente difícil que está para acontecer, a fim de ajudá-lo a se preparar. Encoraje-o a ser sincero e a refletir sobre os próprios sentimentos falando sobre como você se sentiu quando passou por isso, ou diga: "Imagino que isso foi/poderia ser difícil para você." Embora não desejemos gerar ansiedade onde ela não existe, um menino pode se sentir aliviado ao descobrir que alguém entende sua preocupação, especialmente se disfarçá-la.

Pais

- Preveja como ele poderia reagir a algo prestes a acontecer. Se ele poderia ficar aflito ou desapontado, diga-lhe que percebe isso e fale sobre os detalhes que talvez o preocupem para deixá-lo mais à vontade. Pelo menos ele se sentirá aceito e compreendido.
- Por meio de feedback positivo e estímulo, muitas conversas concentradas nos acontecimentos de hoje, ontem e amanhã, podemos ajudar a diminuir os temores dele e prepará-lo para as prováveis reações das outras pessoas.
- Em vez de deixá-lo ficar trancado em segurança no presente, ajude-o a refletir sobre o passado e o futuro, e a entendê-los, se forem incômodos.

Professores

- Tente imaginar a dificuldade que um menino pode estar enfrentando em determinada tarefa. Aproxime-se dele e reconheça isso, talvez lhe dando algumas diretrizes úteis.
- Faça-o acreditar em sua capacidade de realizar bem a tarefa, de modo que isso represente um progresso em seu aprendizado.

7 Ajude-o a atingir seus objetivos

Com 10 anos, meu filho decidiu fazer um estudo detalhado da natureza do parque local. Ele tinha paixão por pequenas criaturas e queria pôr pequenas armadilhas para mamíferos para fazer uma contagem, assim como procurar besouros e outros insetos. Eu o levei à loja especializada em mapas mais próxima e lhe comprei um mapa em grande escala da área. Então o ajudei a traçar com régua linhas para dividi-lo em quadrados menores. Ele começou a explorar e registrar suas descobertas mas não conseguiu continuar. Era um projeto grande demais. Mas pelo menos percebeu que eu respeitava seus sonhos e como se pode fazer algo acontecer.

Os meninos tendem a desanimar e perder o rumo facilmente. Embora possam não querer interferência, geralmente gostam de receber ajuda para prosseguir quando uma tarefa se torna tediosa, ou para pôr em prática idéias extravagantes quando sua imaginação voa.

Sem se tornar insistentes ou exigentes, os adultos podem ajudar os meninos a realizar seus sonhos. Nós podemos sustentar sua crença em si próprios e lhes ensinar como traduzir idéias, freqüentemente elaboradas, em ação prática.

Pais

- Embora possa ser difícil garantir que o menino atingirá os objetivos que estabelecemos, nós o apoiamos e incentivamos muito quando o ajudamos a identificar caminhos práticos para os objetivos que estabeleceu para si mesmo.
- Ajude-o a traçar um plano detalhado que lhe permitirá realizar suas mais difíceis aspirações.
- Pergunte-lhe qual é o equipamento ou a ajuda de que precisa, mas não assuma o controle ou torne o projeto seu.

Professores

- É importante que as crianças recebam feedback positivo que as ajude a aprender, aumentar sua compreensão e, por meio desse processo, saber gerenciar cada vez mais o próprio progresso.
- Os meninos são ajudados a atingir e gerenciar seus objetivos quando se envolvem ativamente no planejamento do próprio trabalho, seguem o plano e então revêem o que deu certo e errado para avaliar como realizar a mesma tarefa da próxima vez. Isso é conhecido como "feedback para aprendizado"; em resumo, planejar, fazer, rever e depois reestruturar a tarefa.

8 Admita os pontos fortes dele

Os meninos não têm de ser "bons" em algo para obter nossa atenção e estima. Todos possuem qualidades pessoais, inclinações, interesses e pontos fortes que podem não ser notados, apreciados e – mais importante ainda – percebidos por eles. Se refletirmos e dermos um nome para algumas das melhores qualidades que nosso filho demonstra para seus irmãos e irmãs, para nós ou seus amigos; e para seus pontos fortes como a perseverança ou a determinação que encorajam a conquista, ele poderá ter um quadro geral de seu eu, assim como vê seu eu físico em um espelho. Isso o ajudará a se tornar mais consciente de suas qualidades sociais e a considerá-las importantes também.

Os pontos fortes que podemos admitir e incentivar incluem: ponderação, compreensão, capacidade de partilhar, dedicação, franqueza, curiosidade, senso de humor, boa memória, organização, criatividade, capacidade de relaxar, despreocupação, boa capacidade de concentração, interesse em idéias e boa coordenação.

Pais

- Admita todos os possíveis talentos e interesses de seu filho.
- Admita os pensamentos e atos positivos.
- Concentre-se nos aspectos necessários da "realização" da conquista – a disposição de tentar –, assim como o quanto ele se esforçou até o final do processo.

Professores

- Admita que cada criança é um indivíduo com direitos que devem ser ouvidos e respeitados.
- Relacione os pontos fortes de cada menino cujo comportamento causa preocupação e certifique-se de que ele e outras crianças saberão que você os aprecia.
- Escolha-o para realizar uma tarefa que poderá desenvolver ou mostrar seus pontos fortes.
- Tenha o cuidado de equilibrar sua atenção para que uma tentativa de ajudar alguém individualmente não pareça favoritismo.

9 Esteja alerta e atento

Não podemos falar sobre o que notamos se não estivermos atentos ao estado de ânimo dele, ao que o agrada, às suas preferências e assim por diante. Podemos ficar com nosso filho o dia inteiro sem realmente notar nada disso, ou vê-lo apenas duas ou três horas por dia e ser extremamente sensíveis à sua linguagem corporal, a seu tom de voz, às suas expressões, escolhas e condutas.

Estar atento não significa discutir imediatamente cada preocupação ou interpretação, mas notá-las e ficar alerta a um possível padrão. Principalmente para os meninos, expressar "sensibilidade" demais pode parecer intrusivo. "Pare de tentar entrar na minha mente!", foi o grito frustrado de um garoto de 11 anos para a sua mãe quando esta tentava ser muito empática. Especialmente após um dia cansativo na escola, os meninos querem relaxar, ficar quietos e refletir. A vontade de se isolar, freqüentemente indicada por um lacônico "Tudo bem", não é necessariamente sinal de um grande problema – pode ser apenas necessidade de ficar quieto e sozinho por algum tempo.

Pais

- Observe discretamente como ele se relaciona com os irmãos e as irmãs; elogie-o se for prestativo, gentil e dedicado, ou capaz de ignorar provocações.
- Anote mentalmente quais eventos o entusiasmam e quais tendem a deixá-lo triste ou desapontado.
- Tome cuidado para não parecer estar espionando: "Tenho notado/estou a par de/ficou claro para mim que..." é melhor do que "Tenho observado você a distância e visto que realmente está..."
- Se algo importante tiver acontecido na escola – um teste, um visitante ilustre, uma aula divertida especial, uma peça –, não se esqueça de perguntar como foi.

Professores

- É fácil fazer comentários positivos sobre os trabalhos escolares dos alunos, mas menos fácil comentar sobre sua atitude e conduta geral de apoio, a menos que você procure por eles.
- Esteja alerta aos sinais de tristeza ou depressão; isso demonstrará que você se deu ao trabalho de notar e o conhece o bastante para perceber que a situação não está indo muito bem.

10 São as aspirações dele, não as suas, que mais importam

Eu já decidi. Ele será médico quando crescer. Quero muito isso e farei tudo o que puder para ele se interessar por biologia e funcionamento do corpo humano enquanto estiver na escola!

Essa mãe solteira havia enfrentado momentos difíceis e queria muito proporcionar ao filho uma vida melhor. Acha que lhe oferecer claras aspirações a um futuro profissional estável e bem-sucedido seria o melhor a fazer por ele. Seu filho ainda é jovem demais para saber se seguirá esse caminho! Embora certamente seja melhor olharmos com esperança para as perspectivas futuras de nossos filhos do que demonstrarmos dúvida ou zombarmos deles, é potencialmente perigoso ter a predeterminação dessa mãe.

A mãe pode, por exemplo, sufocar algum interesse especial do filho por temer que o desvie do caminho que escolheu para ele. Seus sonhos podem parecer óbvios e seu filho pode ficar tentado a contrariá-la por raiva. Contudo, seu filho também pode seguir esse destino e vê-lo como um jogo divertido. Os sentimentos mais valiosos que podemos estimular em nossos filhos são segurança, otimismo, confiança, motivação, espaço e autodeterminação para que manifestem as próprias aspirações.

Pais

- Dê a seu filho bastante atenção, força e estrutura a fim de que ele tenha confiança para se imaginar bem-sucedido, e a criatividade para aspirar.
- Ajude-o a basear essas aspirações na realidade discutindo planos práticos para realizá-las.
- Até mesmo os meninos pequenos expressam vontades e desejos: "Eu quero fazer uma planta do jardim dos fundos", "Eu gostaria de jogar Star Wars™ quando Sam vier", "Eu gostaria de tocar guitarra". Se você ajudar a fazer essas coisas acontecerem, ele saberá que é seguro sonhar e possível influir em seu destino.
- Ajude a fazer o futuro dele parecer seguro e cheio de possibilidades criando um presente seguro.

Professores

- O aprendizado deve ajudar todos nós a explorar "nossos eus possíveis" – abrir, e não fechar, possibilidades.
- Ajude a menino a manifestar suas aspirações e defina claramente os possíveis caminhos para realizá-las. Depois de um bom trabalho ou um bom período letivo, pergunte-lhe onde acha que isso o irá levar ou o que tem em mente para seu futuro porque você vê todas as portas se abrindo para ele.
- Desde pequenos, os meninos podem ser incentivados a pensar no futuro e a se imaginar em termos de trabalho, situação familiar e passatempos, e onde poderiam viver. A cada resposta extravagante, diga: "Isso é ótimo! Agora sua tarefa é planejar e fazer isso acontecer."

Capítulo 3

Mantenha a eficácia do elogio: Dez princípios básicos

É importante manter a eficácia do elogio. É inútil elogiarmos um menino se ele acabar se sentindo oprimido, manipulado ou ressentido porque não fizemos isso direito. A criança ressentida tende a rebater onde dói mais, portanto, se demonstrarmos que seu desempenho no campo de futebol ou voleibol, na escola ou no palco é a parte dele que realmente importa para nós, pode decidir não ter um bom desempenho para se vingar de nossa interferência ou evitar a pressão constante.

Nós elogiamos as crianças porque acreditamos que isso as ajuda. Portanto, é inútil tentar aumentar a confiança de uma criança se o resultado for o oposto: uma criança com uma auto-estima instável que precisa de reforço regular e sucesso freqüente para continuar convencida de sua capacidade e de nossa aprovação. Não é bom quando uma criança se acostuma tanto a elogios que a ausência deles sugere desaprovação ou desapontamento. Esse parece um caminho complicado a trilhar, mas não será tão difícil se forem seguidos os dez princípios básicos do elogio construtivo, estabelecidos nas dez dicas a seguir.

O elogio construtivo deve:

– *Fortalecer a crença em si mesmo,* e para isso se concentrar tanto na capacidade do menino de realizar a conquista quanto na qualidade do resultado específico. Comentários positivos são: "Você é bom *nesse tipo de coisa*" ou "Agora que você fez isso uma vez, deve acreditar que conseguirá fazer das próximas vezes".

– *Ser útil porque mostra o caminho à frente.*

– *Oferecer-lhe a possibilidade e oportunidade de mudar, ser diferente* ou fazer algo de outro modo da próxima vez. Portanto, não deve manter o menino preso a um único modo de agradar ou agir sendo muito limitado e concentrado. As crianças, assim como os adultos, se desenvolvem e mudam à medida que crescem e amadurecem, o que é um dos prazeres da vida para todos nós.

– *Evitar a dependência,* encorajando-o gradualmente a julgar as coisas por si mesmo e tornando claro que você confia em sua capacidade de fazer isso. Também deve ajudá-lo a perceber que o mais importante é o padrão de seu progresso pessoal e aprendizado, não o resultado específico em determinada ocasião.

11 Deixe-o impressionar você

Os meninos adoram quando alguém que respeitam e admiram mostra clara e deliberadamente que está impressionado com algo que fizeram. Demonstrar e afirmar que você está impressionado é um modo muito eficaz e direto de elogio que ajuda o menino a se tornar mais íntegro, inspirado pela confiança e satisfação extra.

Ficar impressionado evita o julgamento implícito em tantos elogios. Mais importante ainda, é incondicional. "Estou realmente impressionado!" ou "Isso foi impressionante" são expressões que dizem tudo – sem "se" e "mas" para qualificar ou depreciar a mensagem. Não existe relutância em estar impressionado e, quando os meninos ouvem isso, se sentem bem-sucedidos.

Os pais capazes de ficar impressionados com os filhos aliviam o clima da competição. Isso nivela o campo de ação, porque demonstra que você não precisa provar que é mais forte, melhor ou mais inteligente. E o fato de ter ficado impressionado não significa que um menino "venceu" de algum modo, ou que deixará de se esforçar. Simplesmente significa respeito e admiração, sentimentos pelos quais os meninos anseiam.

Pais

- Compare-o favoravelmente com você quando era criança: "Eu não teria conseguido isso quando tinha sua idade", "Eu gostaria de ter sido capaz de fazer isso/desenhar/cantar tão bem quanto você".
- "Acho que você jogou impressionantemente bem. Ficou satisfeito com o que fez?"
- Discretamente, deixe que uma criança pequena ganhe um jogo, mostrando-lhe que ficou impressionado com sua crescente habilidade.
- Peça-lhe ajuda para consertar, organizar, decidir e limpar coisas e depois diga: "Você é ótimo nisso. Realmente ajudou muito."

Professores

- "Você demonstrou um impressionante grau de compreensão nesse trabalho."
- "É impressionante como esse trabalho foi muito melhor. Você deve ter demorado mais para fazê-lo, mas valeu a pena."
- "Essa é uma melhora impressionante. Muito bem!"
- Dê aos meninos responsabilidades, como relatar debates do grupo por escrito e procurar informações em benefício de todos. Mostre o quanto você está impressionado(a) com o resultado.

12 Faça o elogio significar algo – seja específico

Podemos fazer os meninos se sentirem à vontade aceitando o elogio se for descritivo e específico: relacionado com determinada tarefa, conquista ou ação e com um aspecto particular dela. Descrever algo detalhadamente prova, sem sombra de dúvida, que você notou o esforço ou a ponderação de seu filho. Suas observações também podem ajudar o feedback a ser exato, relevante e convincente, com a vantagem adicional de não ser julgador.

Contudo, os meninos também se beneficiam sendo abertos em relação aos erros, devido a seu convencimento natural, que pode se transformar gradativamente em excesso de confiança e predispô-los a negar que há mais a aprender. Eles tendem mais a afirmar que foram bem-sucedidos porque são "bons" em algo do que porque o praticaram de um modo particular, desenvolveram técnicas de boa memória ou finalmente o entenderam. De igual modo, tendem a afirmar que foram malsucedidos porque não treinaram ou reviram adequadamente, a prova ou a competição foi estúpida ou o professor foi inepto. Oferecer detalhes ajudará a convencer seu filho de que ele entende o que está fazendo certo e pode repeti-lo. A confiança mal colocada às vezes tira os meninos de uma situação difícil mas não ajuda ninguém que precise fazer um sólido progresso passo a passo.

Pais

- Descreva em detalhes o que seu filho fez de bom para que saiba o que está certo em sua abordagem e o que precisa repetir da próxima vez.
- Quando olhar para o desenho ou pintura de seu filho, discuta as cores usadas, o tamanho ou a forma. Pergunte por que fez ou se ele gostou do que fez, se o planejou ou apenas saiu daquele modo.
- Descreva o que você apreciou no comportamento dele depois de um evento, em vez de comentar sobre isso a cada minuto.

Professores

- Incentive os meninos a avaliar os trabalhos uns dos outros, com a discussão em classe os pontos importantes a considerar.
- Os meninos precisam saber em detalhes o que fizeram certo e errado, por isso as observações e notas devem ser claras e ao mesmo tempo encorajadoras.
- Ajude o menino a sentir que não há nada de errado em se orgulhar de um bom trabalho. "Aposto que você se sentiu muito feliz com este trabalho. Devia se sentir."

13 Mantenha o elogio entre vocês

Não me importo quando um professor diz "Muito bem" ou "Eu gostei disso", ao devolver um trabalho em classe, mas é irritante quando não pára de falar sobre o quanto foi bom. É muito constrangedor! Eu gosto quando isso é apresentado como parte do esforço da equipe – você sabe: a equipe de futebol se saiu bem no jogo da liga, e Gerry Thomas fez quatro dos cinco gols, mas se for "Gerry Thomas foi o astro do jogo. Ele o dominou totalmente ..." não é tão bom. (15)

À medida que os meninos ficam mais velhos, e especialmente quando chegam ao ensino médio ou à universidade, o elogio feito em público, mesmo na frente da classe, tende a embaraçá-los. Eles não sabem ao certo como reagir quando há filas de rostos de amigos e inimigos diante deles, porque provavelmente não é aceitável admitir ou demonstrar que estão satisfeitos; e não querem que ninguém pense que se esforçaram muito para obter a atenção do professor, pois isso pode não ser apreciado por ninguém.

É mais fácil em casa, mas, mesmo nesse caso, os elogios diários devem ser mantidos entre vocês, pais e filhos, não alardeados e transformados em algo que os irmãos possam invejar.

Pais

- Celebração é uma afirmação pública, mas os elogios e encorajamentos diários devem ser mantidos entre vocês.
- Pergunte a si mesmo da conta de quem isso é. Geralmente só é da conta dos pais e das crianças, porque não é da responsabilidade de mais ninguém.
- Manter o elogio particular ajuda a mantê-lo equilibrado. Para quanto mais pessoas você contar, ou quanto mais pessoas estiverem presentes quando você elogiá-lo, mais o elogio parecerá crescer em importância e trazer conseqüências indesejadas.

Professores

- O elogio particular encoraja um enfoque mais seguro no progresso pessoal do menino. O elogio público pode incentivar uma competição inútil e levá-lo a se esforçar pelos motivos errados.
- Não presuma que todos os meninos desejam reconhecimento público em, por exemplo, reuniões; alguns podem ter um desempenho pior para evitar serem chamados de "Caxias."
- A maioria dos meninos prefere que seja enviado um bilhete a seus pais a que seus colegas de classe saibam de uma conquista.
- Fale a sós com um aluno no fim da aula, se quiser lhe fazer um elogio especial.

14 Deixe-o levar todo o crédito

Freqüentemente, o sucesso de uma criança é considerado um sinal de acerto dos pais ou professores, de modo que os adultos podem tentar levar o crédito quando um filho, um aluno ou uma classe se sai bem. É claro que podemos ter tido alguma influência nisso, lendo muito para o menino quando era pequeno, levando-o para aulas ou treinamentos extras, ajudando-o na matemática, incentivando-o a escrever em seu diário nos feriados ou nutrindo um fascínio especial por insetos, eletrônica ou dinossauros que podem ter estimulado sua mente. Mas a conquista atual – do dia – sempre é dele, e é cruel, egoísta e insensato sugerir outra coisa. Se precisamos aumentar nossa auto-estima levando o crédito pelo sucesso de nossos filhos, a mensagem mais óbvia é que eles também precisam de sucesso para se sentir aceitos e completos.

Seguindo a mesma linha de raciocínio, se nós os ajudarmos de um modo que não lhes dá certeza de que o sucesso se deveu apenas a seus esforços, o possível ganho em autoconfiança é reduzido, o que seria lamentável se eles realmente pudessem ter feito isso sozinhos.

Pais

- Nunca atribua a si mesmo o sucesso de seu filho. Deixe claro que ele pode se sentir cem por cento certo de seu mérito; caso contrário, da próxima vez poderá achar que também precisa de você.
- Se você se pegar dizendo: "Esse dever de casa que nós fizemos... Qual foi a nossa nota?", dê-se conta de que pode estar prestes a se atribuir não só parte do mérito, como também a autoria do trabalho!
- Se seu filho mencionar a sua ajuda, reafirme que foi ele quem fez o trabalho, e não precisará mais dela.

Professores

- No contexto das avaliações de desempenho escolar, é difícil não se atribuir grande parte do mérito quando uma classe inteira se sai melhor do que o esperado. Contudo, cada aluno deve achar que fez isso sozinho, mesmo que tenha sido bem orientado por você!
- Quanto mais detalhes um menino tiver sobre por que se saiu bem, mais poderá acreditar que seus conhecimentos, aprendizado e aplicação o levaram a isso.

15 Tome cuidado com o julgamento

Minha amiga adora as boas maneiras. Seu filho precisava ser educado e se preocupar com os outros o tempo todo, embora só tivesse 5 ou 6 anos. Era muito elogiado por isso. Mas, se esbarrasse em alguém na rua, deixasse cair um papel de bala ou não saísse da frente para um carrinho de criança passar, era repreendido por seu comportamento desapontador. Ele não suportava ser julgado por condutas que era pequeno demais para controlar e, em casa, regredia, acabando por querer ser alimentado com mamadeira como a sua irmãzinha.

As crianças precisam ser notadas em vez de julgadas. Não há nada de errado em avaliar um pouco do que fazem, mas não é bom julgar quem elas são. As crianças pequenas não conseguem conceituar essa diferença. Não desejam ser avaliadas do início ao fim do dia, ser constantemente monitoradas e recomendadas a permanecer na linha. As expectativas devem ser sempre apropriadas e os elogios reservados para as atitudes que os meninos possam mudar facilmente. As crianças se desenvolvem quando se mostram receptivas e se sentem livres dentro de limites seguros, não quando estão sempre olhando por cima do ombro ou antecipando comentários positivos ou negativos.

Pais

- Certifique-se de que suas expectativas são apropriadas para a idade. Os meninos irrequietos podem ser entusiásticos em vez de estouvados, descuidados ou travessos.
- Deixe a vergonha e a culpa fora disso até ele ter uns 10 anos, idade em que adquire capacidade de controle e automonitoração e pode claramente separar o que faz de quem é.
- Você provoca o que teme. Muitos meninos se comportarão mal se forem constantemente repreendidos. Isso acaba com a espera e os põe no controle, o que é menos humilhante.

Professores

- Incentive os meninos a avaliar os próprios trabalhos.
- Mantenha o feedback neutro e descritivo, em vez de ofensivo ou desapontador.
- A vergonha freqüentemente leva os meninos a ignorar ou rejeitar sugestões para melhorar, portanto evite-a.

16 Seja sincero, não exagerado

Os meninos não se sentem à vontade com o que consideram um elogio "bobo e exagerado" – uma adulação excessivamente entusiástica que não parece relacionada com o esforço feito e não era esperada, muito menos desejada. O elogio exagerado é muito emocional e íntimo e leva o menino a acreditar que é responsável pelo extremo contentamento dos pais, que é o contentamento deles que conta. É claro que o que conta é o sentimento de orgulho, contentamento e prazer dele – normalmente o menino deve se comportar para agradar a si próprio, não para obter estrondosos aplausos dos pais.

Os falsos elogios não são apenas ofensivos e insultantes – não ajudam os meninos a desenvolver um bom julgamento. Com o correr do tempo, o menino deve aprender a julgar por si mesmo seu esforço e trabalho. Se nos entusiasmarmos demais quando nosso filho reconhece que poderia ter feito algo melhor, ele achará mais difícil saber o que é suficientemente bom e o que pode ser melhorado. Para qualquer menino que tenda a superestimar seu trabalho, o exagero será particularmente prejudicial.

Pais

- Não finja, mas sempre que possível seja positivo e otimista. Deixe bem claro o alcance do progresso e encoraje seu filho a perceber e aceitar as falhas. "Eu não chamaria isto de um quarto arrumado. Você se saiu bem até agora, mas aquela pilha de revistas em quadrinhos ainda precisa ser organizada. Quando acabar, eu lhe trarei uma bebida e admirarei o quarto!"
- Concentre-se no prazer que seu filho sente, para que aprenda a fazer as coisas para o próprio bem dele, não para o seu.

Professores

- Alguns meninos precisam de mais encorajamento e consideram difícil acreditar em elogios moderados. Contudo, apenas precisam de elogios mais freqüentes, não mais entusiásticos ou exagerados, porque tampouco acreditam neles.
- Se você for franco mas encorajador em relação aos fracassos, os alunos tenderão mais a acreditar nos elogios.

17 Elogie o processo, não o resultado

Muitos céticos em relação ao valor dos elogios afirmam que a qualidade do resultado realmente importa, e ainda mais do que o processo. De que adianta, argumentam, dizer que algo é bom quando não é, e ignorar o motivo pelo qual não é bom – que alguém simplesmente não se esforçou o bastante quando é óbvio que poderia ter feito melhor?

Naturalmente, até certo ponto, a qualidade realmente importa e os meninos devem ser chamados à responsabilidade se seu comportamento ou desempenho sugerir atenção inadequada. Contudo, os céticos interpretam mal esse conselho: a tentativa sempre é válida porque ninguém progride sem um pouco de empenho e esforço para aprender mais ou se sair melhor. O esforço envolve qualidades, como determinação e tenacidade, que precisam ser valorizadas e encorajadas. No início de qualquer novo desafio, freqüentemente o esforço é desajeitado e ineficiente, mas esse é o caminho que todos nós percorremos. Além disso, o resultado que os meninos menores obtêm é sempre imperfeito quando comparado com o que poderíamos fazer e não se pode dizer constantemente às crianças que algo não é bastante bom.

Pais

- Como o "processo" inclui interesse, esforço, determinação e bons hábitos de trabalho, todas essas características devem ser valorizadas como parte do aprendizado e crescimento.
- Leve a sério toda observação de esforço feita pela escola de seu filho. A escola considera a idade e a etapa de desenvolvimento dos meninos.
- As crianças pequenas não entendem o que significa se concentrar. Incentive a concentração lendo histórias mais longas para seu filho ou jogando com ele jogos de tabuleiro que exigem tempo, paciência e reflexão.
- Aprender é uma atividade emocional, por isso pergunte se foi difícil, se ele se preocupou com o resultado ou hesitou no meio.

Professores

- Usando o modelo de aprendizado de "planejar, fazer e rever" (veja a pág. 25), as crianças podem começar a refletir sobre o modo de trabalhar e aprender a julgar o resultado de seus esforços.

18 Elogie direta e imediatamente

Para ser mais eficaz, o elogio deve ser feito diretamente, sem "se" e "mas", sarcasmo, lembretes de fracassos passados ou outras depreciações.

Além disso, sempre que possível, deve ser feito imediatamente, porque isso transmite espontaneidade. Às vezes a resposta positiva não nos ocorre no momento, ou estamos ocupados com outras crianças e realmente não assimilamos a informação importante. Um pai que está no trabalho deve estar preparado para dizer algo apreciativo pelo telefone durante o dia, em vez de esperar voltar para casa e receber a lista das boas ações que precisa elogiar. Como os meninos ficam constrangidos com elogios abertos e públicos, preferem ouvir um comentário informal e mais verdadeiro no momento, mesmo se isso significar menos informações, a uma avaliação séria feita depois.

Certamente é melhor tarde do que nunca, mas melhor ainda antes do que depois.

Pais

- As crianças levam os elogios muito a sério, por isso você também deve levar. Esse não é o momento para piadas, portanto não seja sarcástico se deseja que seus comentários sejam eficazes.
- Se você não responder no momento, corrija-se dizendo algo como: "Pensei melhor sobre o que você me disse. Parece que realmente se saiu bem, o que é importante. Isso é maravilhoso!"
- Faça o elogio demonstrando sinceridade; olhando para seu filho, não se virando para sair da sala.

Professores

- Quanto mais rápido você comentar sobre o trabalho feito, mais um menino aprenderá com seus comentários, porque ainda se lembrará de como lidou com o trabalho.
- Se seus comentários positivos forem sobre a personalidade, o interesse, a sociabilidade e o estilo das crianças, você poderá fazê-los imediatamente.

19 Concentre-se na conquista, e não no menino

A maioria dos especialistas em criação de filhos recomenda "concentrar-se no comportamento, não na criança". É fundamental e tão importante para o elogio quanto para a disciplina e o castigo que essa regra de ouro seja seguida. Separar a criança de seu comportamento faz muito sentido em relação à disciplina. Deixar uma criança saber que é amada – que não estamos furiosos com o que fez – permite-lhe manter aquela importante auto-estima que aumenta o respeito por si própria e o desejo de ser bem-sucedida.

Em relação ao elogio, sempre devemos nos concentrar na conquista de nosso filho, não em quem ele é. "O que você fez foi maravilhoso" é uma frase com muito menos implicações emocionais do que: "Você é tão maravilhoso por ter conseguido/feito isso. Eu o amo muito!" Ele pode não se sentir tão maravilhoso assim e saber muito bem que não se esforçou tanto para realizar aquela conquista. Também pode se dar conta de que você ralha com ele quando é levado, por isso sabe que nem sempre é tão maravilhoso. Nós devemos amar nossos filhos e nos orgulhar deles o tempo todo, não apenas quando são bem-sucedidos.

Pais

- Os meninos com menos de 3 anos não conseguem discernir o que fazem de quem são, por isso precisam que as coisas sejam muito simples. Palavras de aprovação que mencionem a conquista são suficientes, como "Muito bem!", "Comer todo o seu jantar foi ótimo", "Bela jogada!", "Lindo quadro", "Parabéns por ter esperado sua vez".
- A partir dos 10 anos, os meninos se sentem mais independentes emocionalmente. Não desejam mais muitas manifestações públicas de afeto, porque estão tentando se libertar. Abraços de surpresa são ótimos, mas o elogio sempre deve se concentrar na conquista, não no menino. "Isso foi algo inteligente a fazer", não "Você é tão inteligente!".

Professores

- Os meninos podem gostar de se sentir amados, aceitos e apreciados por seus professores, mas não tendem a gostar de favoritismo ou comentários pessoais. "John sempre entrega seu trabalho pontualmente" é mais fácil de aceitar do que "John é o único menino confiável aqui quando se trata de entregar um trabalho".
- "O exercício que você fez para mim no mês passado foi ótimo. Mostra que você é capaz", em vez de "Você é realmente inteligente, se ao menos acreditasse nisso! É claro que fará direito".

20 Pergunte-lhe como ele quer

Aos sábados, depois do futebol, meu filho de 12 anos freqüentemente me pede opinião sobre como jogou e eu lhe pergunto: "Como você quer?" Nós temos esta combinação: ele pode responder "direta", "gentil" ou "Eu vou adivinhar o que você está pensando". Se estiver disposto a ouvir uma opinião sincera que acha que pode ser crítica, dirá, "direta".

Há duas partes em qualquer situação de aprendizado – quem fala e quem ouve. Para ser eficazes como mentores, instrutores ou meros apoiadores, precisamos entender como nossa informação pode ser recebida. Talvez estejamos prontos para dizer a verdade com honestidade, mas, se o menino não estiver pronto para ouvi-la, poderá bloqueá-la, negando-a ou ignorando-a.

Por isso, se decidirmos que é chegada a hora de falar sem rodeios, seja porque ele agora está mais velho e não precisa de tantos tapinhas nas costas ou porque começou a se julgar mal, poderemos começar lhe proporcionando um pouco de controle sobre o nível de nossa honestidade. Se lhe dermos a opção de ouvir a boa ou má notícia primeiro, ele tenderá a ser mais receptivo.

Pais

- Seja sensível ao momento: considere o contexto e os acontecimentos recentes. Se ele tiver passado por momentos difíceis e desapontamentos em outro lugar, não escolha esse momento para "ser direto"!
- Se você não lhe perguntou o que ele pensa, comece assim: *"Eu acho que você já sabe disso...* teve uma reação um pouco lenta no início/ não se virou bastante rápido..." O objetivo é incentivá-lo a acreditar na própria avaliação, a depender menos de você.
- Sempre pergunte no final: "Você achou meu comentário justo?"

Professores

- Verifique depois como seu comentário foi recebido. "Fui bastante honesto com você a esse respeito. Ficou aborrecido ou isso foi útil?"
- O feedback é um processo e o aprendizado é uma via de mão dupla. Incentive os alunos a refletirem e discutirem com você como reagem a seu estilo e abordagem. Sonde a classe, mas também considere as opiniões individuais.

Capítulo 4

Idades e etapas: Adapte o elogio ao desenvolvimento

Cinco etapas da infância marcam mudanças-chave nas necessidades da criança, no que é progressivamente capaz de fazer, em sua maneira de pensar, no que pode compreender e, portanto, na forma como vê a si mesma. Assim, fica claro que pais e professores precisam ser sensíveis a essas mudanças e adaptar seu modo de elogiar e suas estratégias ao amadurecimento dos meninos.

Os recém-nascidos se concentram em necessidades físicas e são muito dependentes de quem cuida deles. Mas também reagem vigorosamente à atenção, de um modo muito físico – cada pequena parte de seu corpo se move e todo o seu ser parece engajado na comunicação. Os meninos são particularmente ativos: movem-se mais do que as meninas dentro do útero e são mais vigorosos depois que nascem. Os recém-nascidos têm de enfrentar uma série confusa de sons, cheiros, sinais e comportamentos. Para quem cuida deles, o desafio é fazê-los se sentir física e emocionalmente seguros por meio de um contato confiável e de uma familiaridade proporcionada por rotinas e padrões regulares.

Em algum momento em seu segundo ano, o bebê aprende a andar e a falar. Essas habilidades fazem com que se sinta muito mais independente, e sua consciência de seu eu se torna claramente estabelecida. Ele deseja explorar, experimentar e examinar tudo. Embora agora seja capaz de fazer muito mais, sua experiência predominante pode ser de fracasso e incompetência ao tropeçar e se atrapalhar, quebrar objetos, julgar eventos equivocadamente e tentar entender a miríade de regras que subitamente surgem. Nessa idade, em geral, os meninos têm menos coordenação do que as meninas, são mais desajeitados e menos capazes de se explicar. Os pais e cuidadores que desejam nutrir sua auto-estima devem ser muito tolerantes com os erros inevitáveis cometidos durante a curva de aprendizado mais pronunciada da vida deles. O encorajamento para cada pequeno passo na direção da auto-administração, do autocontrole e da aceitação de suas frustrações, além de muita atenção, os ajudam a se sentirem notados, competentes, compreendidos e afirmados.

Dos 4 aos 7 anos, os meninos vêem a vida muito simplesmente: as coisas são boas ou más, certas ou erradas, o que também significa que se vêem nos mesmos termos simples, como bons ou maus. A sutileza não tem a ver com eles ou é o que percebem, por isso os pais devem pensar cuidadosamente sobre o equilíbrio de seu feedback positivo ou negativo. Na maior parte do tempo os meninos em idade escolar desejam muito agradar, desde que não estejam zangados por se sentirem excluídos ou não achem que não são amados. Eles ainda contam com a imitação – de pais, irmãos e irmãs – para grande parte de seu aprendizado, e precisam sentir que estão no caminho certo.

Na pré-adolescência, os meninos podem desconfiar mais dos elogios dos pais ou simplesmente se entediar tentando agradar: eles prefeririam seguir com sua vida e não estar sempre à espera da aprovação ou do desapontamento de um adulto. Estão começando a se separar, especialmente da mães, apreciando sua crescente liberdade e prestando cada vez mais atenção às opiniões dos amigos. Contudo, precisam de muito apoio ao experimentar a série maior de habilidades e atividades que seus corpos mais fortes permitem. Nessa etapa, a apreciação do que podem fazer é no mínimo tão importante quanto a aprovação de quem são. A rivalidade entre irmãos pode começar a se concentrar na disputa de talentos, por isso certifique-se de que todas as crianças se sentirão igualmente amadas e aceitas independentemente de suas diferentes habilidades e aptidões.

Os adolescentes ainda valorizam a aprovação, mas se sentem desconfortáveis com os elogios exagerados. Eles gostam de que seus esforços sejam notados e apreciados, mas começam a julgar muito mais por si mesmos e sabem como é difícil realizar uma conquista. Como disse um garoto de 15 anos: "Meu pai não me elogia muito. Então, quando o elogio parte dele, eu me sinto bem. Sinto que realmente é verdadeiro." Outro disse: "Quando você é mais velho não espera tanto o elogio. É mais independente. E o elogio se torna mais condescendente quando é feito com muita freqüência." Um problema com os adolescentes é que sua crescente independência torna mais difícil saber o que estão fazendo, seja bom ou ruim. Toda pergunta tende a parecer intrusiva e a irritá-los. Sua necessidade de mais privacidade sugere que querem ficar menos tempo com os pais e mais tempo sozinhos para fazer coisas por si mesmos. Por isso, contenha-se e guarde suas celebrações para os sucessos notáveis e, nesse ínterim, concentre-se na afirmação. Não critique as opiniões, os valores, amigos, idéias, roupas, paixões ou a criatividade dos adolescentes, porque são partes essenciais de sua identidade em amadurecimento.

21 Faça os bebês se sentirem protegidos e seguros

Os bebês são capazes de entender as pessoas antes de entender as palavras. Podem notar e reconhecer nosso estado de ânimo, tom de voz e movimentos físicos muito antes de entender o que está sendo dito. Nessa etapa, são mais sensíveis a essas reações do que possivelmente serão em qualquer outra fase de sua vida, porque é reconhecendo padrões que se sentem ligados ao mundo. Sabemos que praticamente desde que nascem os bebês imitam como um modo de se comunicar, porque põem a língua para fora quando alguém faz isso perto deles. Os bebês nos fazem saber como se sentem contraindo seus braços e pernas angustiadamente ou os agitando com excitação; e, é claro, chorando ou sorrindo. Seu choro pode expressar fome, desconforto, solidão, tédio ou ansiedade – tudo que um adulto sente. Ao satisfazer sua necessidade de alimento, proteção, amor, calor humano e segurança, demonstramos que entendemos o bebê e o fato de que ele precisa de nós, e isso é suficientemente assertivo para que o chamemos de elogio. O que importa para o bebê é menos *o que* dizemos do que o ato em si de falarmos, ou até mesmo cantarmos, algo em tons familiares e tranqüilizadores. Simplesmente falarmos, mesmo sem sermos vistos, diz ao bebê que estamos próximos. Nossa atenção demonstra que nos importamos com ele e que pode confiar em nós.

Pais

- Nessa idade, a busca por atenção é definitivamente necessidade de atenção. Os bebês se tornam claramente aflitos quando alguém que brinca com eles desvia o olhar ou se afasta; e se alegram quando os adultos se comunicam diretamente com eles.
- Escolha uma canção para cantar em cada parte do dia do bebê: por exemplo, para marcar a alimentação, a hora do banho ou da troca de fraldas. Então ele começará a reconhecer as cantigas e se antecipará às rotinas diárias.
- Segurar e carregar seu filho, brincar com o nariz, o queixo ou os dedos das mãos e dos pés dele o ajuda a estabelecer e experimentar o seu limite físico, dando-lhe a primeira consciência de seu eu.

Professores/cuidadores

- O contato pessoal com o bebê de colo é muito importante para estabelecer a consciência de seu eu, sua segurança e importância.
- Contato social, visual e emocional regular e recíproco, além de estímulo, ajuda seu cérebro recém-formado a estabelecer conexões neurais positivas.
- A rotina é vital para dar ao bebê ou à criança pequena sensação de proteção, ordem e segurança.

22 Os bebês devem sentir que são importantes

Até onde se sabe, os bebês têm pouca consciência de sua identidade – fundem-se com seus cuidadores. Um modo fundamental de o bebê começar a perceber que nos interessamos por ele e que é uma pessoa importante e única é nos sintonizarmos e sermos receptivos aos sinais que ele envia. Os psicólogos chamam esse modo de interagir – de dar e receber, observar e reagir – de "sincronicidade" e "reciprocidade". É confortador para o bebê, até mesmo nessa etapa, saber que pode se comunicar, ser ouvido e compreendido. Isso é muito diferente de submeter o bebê a horários rígidos e organização exagerada para que se encaixe na rotina fixa imposta por outras pessoas – embora já se tenha dito que os bebês precisam de um pouco de rotina. Reciprocidade implica respeito pela pessoa que cresce e por sua personalidade em desenvolvimento. Exige olhar, ouvir e observar, responder, amar e cuidar.

Pais

- Deixe seu filho desenvolver os próprios padrões e ritmos, e os respeite.
- Os bebês se esforçam muito para construir um relacionamento estreito com seus cuidadores. Se não notarmos seus esforços e os ignorarmos, deixarão de se esforçar e se desligarão de nós.
- Brincar com o rosto, os dedos das mãos e dos pés de seu filho; abraçá-lo fortemente enquanto vocês partilham o ritmo de seus corpos; e reagir aos temores, prazeres e suficiência de seu filho de comida, sono ou entretenimento, tudo isso dá a ele a consciência de seu amor profundo e respeito por quem é e seu bem-estar.

Professores/cuidadores

- Tente manter uma relação cuidador/bebê que permita que os padrões individuais do bebê sejam respeitados, dentro de uma estrutura que ofereça familiaridade e segurança.
- A conveniência profissional importa, mas não quando adquirida à custa da saúde e do contentamento do bebê.

23 Dê ao menino que começa a andar uma visão positiva de si mesmo

Os meninos que começam a andar passam por momentos difíceis porque cometem muitos erros e sofrem acidentes. Às vezes irritam além da conta os pais quando tentam abrir espaço para si mesmos e ser ouvidos por uma família ocupada. Viver com um menino nessa etapa pode ser uma luta constante. Nesse caso, é um desafio dizermos palavras bastante positivas, assertivas, apoiadoras e apreciativas, para compensar os sinais negativos que enviamos berrando e manifestando raiva ou frustração, ou simplesmente insistindo em que nossa vontade seja feita. Contudo, assim como os meninos mais velhos, aqueles que começam a andar precisam se sentir amados e bem-sucedidos para se desenvolver.

Mesmo durante os "terríveis dois anos", o menino ainda não tem uma consciência clara de seu eu único. Ele é o que faz. Quando o repreendemos por isso, aplicando a regra de comportamento/eu para preservar seu amor-próprio, ainda pode se sentir pessoalmente errado porque é jovem demais para perceber ou entender a diferença.

A afirmação física – isto é, muitos afagos e contato físico o ajudará a entender a mensagem simples mas firme de nosso amor e aprovação constantes, apesar dos aborrecimentos.

Pais

- Tranqüilize-o com muito carinho físico, especialmente depois de um "dia difícil". Você não precisa necessariamente falar, apenas diga: "Este foi um dia difícil!"
- Faça uma piada, para acabar com uma discussão: "Como somos bobos, brigando como cão e gato!"
- Os meninos que começam a andar se testam pela ação. Incentive a auto-administração no máximo de tarefas possível para ajudar o menino que cresce a se sentir bem em relação a seu papel no mundo.
- Encoraje seu filho a se vestir sozinho – mesmo se as meias ficarem estranhas, a camiseta ficar com a parte da frente virada para trás ou as cores não combinarem! Envolva-o em tarefas que não exijam perfeição, como cavar o jardim ou decorar biscoitos.

Professores/cuidadores

- Ouvir atentamente ajuda os meninos muito pequenos a sentir que são importantes. Garanta que todos terão alguém com tempo para ouvir seus pontos de vista.
- Quando as crianças pequenas estão em grupo, podem se sentir muito insignificantes.
- Interpretação do comportamento: o que ele está dizendo? Descubra rapidamente a razão do mau comportamento constante, antes que ele se convença de que é um menino mau.

24 Tolere as frustrações do menino que começa a andar

Até os 18 meses, Jack era um modelo de bebê. Então, como um típico bebê começando a andar, tornou-se rebelde e desobediente, e passou a detestar que lhe digam não. Freqüentemente se joga no chão, esperneando e gritando; recusa-se a sair de seu assento no carro; grita se eu lhe dou uma bebida que não deseja, no supermercado ou quando tento vesti-lo para ir à casa de minha mãe. Então decidi prestar mais atenção nele, não ser tão rígida, deixá-lo decidir pequenas coisas e brincar mais com ele. A melhora foi enorme.

As crianças que começam a andar são exasperantes porque experimentam coisas – quase o tempo todo. Por terem sido carregadas, sentadas, alimentadas, vestidas e conduzidas, e contado com alguém que "fazia tudo para elas" durante sua curta vida, aprenderam que podem ter uma força considerável. Usam seu vocabulário em expansão, o corpo mais forte e sua consciência mais clara de seu eu e objetivos para dizer "não" e se afirmar – esse é um poder inebriante que elas aplicam para ser notadas, obter um pouco de controle e se sentir importantes.

Porém, nessa etapa, as crianças também lidam com a frustração porque ainda fazem muito pouco. Suas idéias correm à frente de seu corpo e elas confrontam regras reais. Sentem-se mais crescidas, mas ainda não conseguem dominar todas as tarefas ou expressar sentimentos complexos e fortes.

Pais

- Não leve a raiva de seu filho para o lado pessoal. Ele não odeia ou deseja irritar você – só está expressando sentimentos complexos e fortes que não consegue pôr em palavras.
- Expresse as frustrações dele. "Deve ter sido difícil ser ignorado/ querer que eu ficasse com você quando eu tinha de sair/ouvir o que fazer e o momento de fazer, quando você estava com vontade de ficar em casa brincando."
- Explique aos irmãos ou irmãs mais velhas por que ele se sente tão frustrado e por que isso pode torná-lo uma amolação para eles.
- Sempre que puder, deixe claro que sabe que ele não está sendo mau; apenas está achando a vida difícil no momento.

Professores/cuidadores

- Dê chances aos meninos de extravasar suas frustrações.
- Escolha histórias para ler que representem suas dificuldades, para que saibam que não estão sós e se sintam mais compreendidos.

25 Entenda o que um menino em idade escolar não pode entender

A maioria das discussões entre pais e filhos acontece quando as crianças não correspondem às expectativas paternas. Os filhos mais velhos podem preferir tocar em uma banda pop em vez de seguir a profissão preferida pelos pais, mas os atritos com as crianças pequenas costumam ocorrer quando elas não pensam ou se comportam como seus pais esperam e, conseqüentemente, são consideradas descuidadas, egoístas, imaturas ou até mesmo maldosas.

Os meninos entre 4 e 8 anos não são, nem podem ser, adultos. As crianças se desenvolvem lentamente, e de determinada maneira, e freqüentemente os meninos se desenvolvem mais devagar do que as meninas. "Não seja tão criança!" é especialmente humilhante quando dito a meninos que já aprenderam que deveriam ser mais flexíveis, confiáveis, organizados e cooperativos, e menos emotivos do que são capazes de ser. O elogio não deve estar condicionado ao menino entender mais do que pode. E a crítica não deve ser disparada quando estamos frustrados por ele não ter pensado adiante, entendido uma regra complicada, antecipado conseqüências ou imaginado como nós ou outras pessoas reagiriam. Os meninos dessa idade ainda estão muito voltados para si mesmos: presumem que as outras pessoas se sentirão e agirão como eles, mas seu autoconhecimento ainda está muito pouco desenvolvido.

Pais

- Quando um menino é criticado por falhar, pode facilmente se sentir culpado por desapontar você e presumir que há algo de errado com ele.
- Ele tem de ser muito ajuizado e organizado na escola, por isso pode querer ser o oposto depois de um dia difícil – ser menos responsável em casa. Aceitar isso revela empatia e compreensão.

Professores

- Os meninos podem achar mais difícil se adaptar e participar de atividades de classe se a vida familiar for estressante. Ofereça ao menino temporariamente "isolado" uma companhia especial ou realize durante algum tempo atividades na classe em pares, em vez de em grupos maiores.
- Se você não souber ao certo quais são as mudanças-chave que acompanham as etapas de desenvolvimento dos meninos mais novos, deve pensar em freqüentar um curso ou ler um manual adequado – isso é fascinante!

26 Ajude-o a ver quem ele é

É na primeira infância que o menino começa a ter idéia de quem é e do que o torna único. Quando completa 7 ou 8 anos, tem uma consciência mais clara daquilo em que é bom, do que mais gosta ou não, do que e de como prefere brincar, do que seus pais e outros adultos acham dele e se ele costuma despertar satisfação ou raiva e frustração.

Os pais podem ajudar o menino a tornar sua identidade mais clara e profunda e garantir que seja positiva. Em vez de simplesmente dizer "Eu acho você adorável!", podemos ser muito mais específicos e dizer "Você é realmente adorável porque é divertido estar em sua companhia, você é muito gentil com seus amigos, partilha suas coisas e adora pintar, embora deteste limpar tudo depois. Você prefere claramente aprender pela experiência a apenas aceitar o que lhe dizem." Quanto mais detalhes pudermos lhe dar, ao mesmo tempo julgando o menos possível, mais ele entenderá e gostará de si mesmo.

Pais

- Faça-o sentir que pertence a um grupo familiar definido e a você. Programe saídas e eventos familiares, conte-lhe sobre a vida dele quando era bebê e sobre a sua quando era criança. Envolva-o em seus compromissos sempre que isso for possível ou sensato.
- Experimente o conceito da "paleta de personalidade". Quanto mais cores – que representam diferentes aspectos da personalidade, das habilidades e das preferências de seu filho – você puder ajudar a criar, descrever e pôr na paleta pessoal dele, mais belo, colorido e detalhado será o quadro que poderá pintar de si mesmo.

Professores

- Certifique-se de que cada criança esteja ciente de algo – de uma paixão ou habilidade especial – de que pode se orgulhar; isso a ajuda a ter uma consciência clara e positiva de quem é e de suas capacidades.
- Ajude seu aluno a se conscientizar de suas preferências pessoais, que incluem seu modo de trabalhar, suas atividades e seus temas prediletos. Não se esqueça da comida, do animal, do programa de televisão e de outras coisas de que ele gosta.

27 Incentive o pré-adolescente a desenvolver suas habilidades

A pré-adolescência é conhecida como o período de cinco anos (dos 8 aos 12) em que a confiança das crianças costuma aumentar, desde que não sejam constrangidas por pressões de familiares ou da escola. O corpo mais forte e a mente mais capaz dos meninos lhes permitem ver a vida mais reflexivamente, ser mais determinados a dominar tarefas físicas e mentais complexas e a descobrir como corrigir erros.

Os meninos se orgulham especialmente de seu corpo mais forte e sua melhor coordenação física. Sobem em árvores, chutam e jogam bola melhor, e realizam todos os tipos de proezas com pranchas e outras geringonças. Seu nível de habilidade aumenta rapidamente e eles podem se tornar muito assertivos e competitivos para manter sua superioridade sobre colegas de escola e amigos, assim como tentar demonstrá-la a irmãs mais velhas ou mais novas.

Ao se sentirem mais confiantes a respeito de quem são, é a competência e o senso de julgamento que os pré-adolescentes adoram ter confirmados e afirmados pelos adultos.

Pais

- Admire a crescente competência de seu filho para que ele se sinta orgulhoso e capaz.
- Dê-lhe a chance de demonstrar suas habilidades recém-adquiridas. Peça-lhe para ajudar você em tarefas práticas e aprecie essa colaboração.
- Veja-o fazendo algo de que gosta, mesmo se você achar isso tedioso.
- Deixe-o ficar o máximo possível ao ar livre e ativo, desde que respeitadas as devidas regras de segurança.

Professores

- As habilidades que podem ser aplaudidas e encorajadas incluem as artísticas, musicais, dramáticas, humorísticas, acadêmicas, sociais, esportivas, comunicação, destreza manual, organização pessoal, imaginação, coordenação física, memória, atenção, empatia e bom julgamento.

28 Aceite a necessidade de seu filho pré-adolescente de agir como um homem

Meu filho de 9 anos subitamente desenvolveu uma série de hábitos desagradáveis, desde assoar o nariz (sem usar um lenço) e grunhir importunamente a mudar seu modo de falar e se tornar barulhento e rude. Eu me sentia constantemente "no pé" dele. Então, alguém me explicou que possivelmente ele estava seguindo a última moda do playground, identificando-se mais com seus amigos do que com sua família e precisando experimentar ser um "homem". É claro que essa pessoa estava certa.

A consciência do gênero floresce na fase entre 8 e 12 anos. Os meninos afrouxam seus laços emocionais com as mães e se concentram em se tornar homens. Essa é a época em que exploram, com freqüência desajeitadamente, o significado de ser do sexo masculino, expressando seus pontos de vista e se comportando de modos que consideram típicos. A linguagem rude do playground freqüentemente é usada em casa.

Pais

- Tente não criticar constantemente o novo comportamento "masculino" de seu filho. Ele está apenas começando a experimentar a masculinidade para ver o que o faz se sentir confortável.
- Ensine a ele o que é apropriado; diga que esse comportamento ou modo de falar é para a escola, não para casa.
- Quando ele está tentando se separar, o elogio materno pode parecer exagerado. Dirija-o às suas conquistas e à sua crescente competência.
- Entendendo por que ele precisa desafiar, você demonstra que o aprova e aceita.
- Desde que ele não corra perigo, não rejeite seus amigos ou um modelo masculino próximo que o esteja ajudando a entrar no mundo dos homens.

Professores

- Faça comentários favoráveis sobre a capacidade de se dedicar, partilhar e pensar dos meninos, para indicar que essas qualidades humanas continuam a ser importantes.
- Aprecie os pré-adolescentes por quem são. Seu excesso de confiança freqüentemente esconde o medo do fracasso.

29 Os adolescentes gostam de ser elogiados com moderação

P: *Você ainda gosta de ser elogiado?*

R: *A gente nunca deixa de gostar disso. (15)*

Os adolescentes ainda gostam de ouvir elogios, mas que sejam moderados, e não exagerados ou efusivos. Nessa época são muito discriminadores e desejam que o elogio seja autêntico. Certamente não querem ser muito populares em um dia e cair no desagrado das pessoas no outro. Os meninos estão se tornando muito independentes para ser influenciados pelas reações dos pais, especialmente quando esses parecem mal-informados em todos os sentidos. O que os adolescentes gostam mais é de ser notados e tratados como uma fonte limpa de informações sobre seu próprio bem-estar, futuro e progresso. Precisam que as pessoas confiem neles antes que possam confiar totalmente em sua capacidade individual de avaliar corretamente, e portanto ser bem-sucedidos.

Os adolescentes valorizam mais o elogio e a apreciação quando são moderados. Eles dizem que, quando o elogio de pais ou professores é exagerado, seu valor diminui. Nessa etapa, gostam de que os pais estejam por perto, no fundo de cena, para oferecer uma sensação de estabilidade – e de conversar, com freqüência inconseqüentemente, quando o momento parece certo.

Pais

- Sempre pergunte ao seu filho como ele avalia o próprio trabalho, resultado ou desempenho antes de comentar: "Esse resultado parece bom, porém o mais importante é o que você acha disso."
- Pergunte-lhe se vale a pena passar a notícia adiante: "Você quer que eu avise seu pai, ou não é tão importante?"
- Seja simples: "Muito bem", "Está ótimo. Ficou satisfeito?"
- Diga algo no fim da semana, em vez de todo dia.
- Aprecie mais as opiniões e os valores do que os resultados diários de seu filho, para que você realmente pareça interessado e impressionado com ele, e não obcecado com o que pode fazer.

Professores

- Os meninos gostam mais dos elogios dos professores quando são dirigidos a seus esforços e progressos, em vez de a eles pessoalmente.
- Certifique-se de que todos os comentários favoráveis serão sustentados com detalhes para que o menino saiba exatamente o que fez bem e possa acreditar nisso.
- Para que o elogio seja realmente fortalecedor, você deve indicar que ele dominou tanto o processo quanto a tarefa em questão. "Você escreveu um ótimo trabalho. Está planejando muito melhor seus argumentos, suas conclusões estão mais completas e você está considerando abordagens diferentes. Ótimo!"

30 Faça-o acreditar em seu futuro como adulto

Gregory era um ótimo aluno, bem-sucedido no ensino médio e na universidade. Apreciava os desafios regulares de seu curso e seus trabalhos, e adorava o feedback freqüente proporcionado pelas boas notas. Quando começou em seu primeiro emprego, pareceu duvidar de seu desempenho e se atrapalhar. Estava tão acostumado a feedback regular que demorou alguns meses para confiar no próprio julgamento e se sentir à vontade.

Os questionários sobre auto-estima mostram os meninos em seu ponto mais alto com a idade de 14 anos, mas a partir daí ela cai gradualmente até seu ponto mais baixo, aos 19 anos – o fim da adolescência, quando ficam cara a cara com o futuro. Então a vida se torna muito séria; esse é um momento de grandes decisões – sobre a universidade, a carreira e o compromisso, e eles precisam assumir responsabilidade por seus atos.

Enfrentando esse desafio e essa incerteza, os pais podem oferecer apoio com comentários favoráveis sobre a crescente maturidade e a competência geral dos filhos, em vez de continuar a salientar resultados de exames.

Pais

- Entenda a queda na confiança que seu filho pode enfrentar.
- Faça-o acreditar que será bem-sucedido. "Se você quiser... faça. É claramente capaz de chegar aonde quiser. O futuro lhe pertence. E seja qual for o caminho que escolher, nós o apoiaremos."
- Demonstre respeito pelas idéias e opiniões, e pelos planos e valores de seu filho. Além disso, assegure-se que os outros também o respeitarão. Em última análise, essas são ferramentas de sobrevivência mais eficazes do que os resultados finais, por isso diminua o foco nesses últimos.

Professores

- Incentive os adolescentes a olhar e pensar adiante e elogie suas conquistas passadas, além de fazer comentários positivos sobre seus planos.
- Convide alunos novos a voltar e descrever sua jornada pessoal.
- Os mentores podem ajudar imensamente a aumentar a confiança e o foco dos indivíduos na possibilidade de um futuro mais brilhante do que antes poderiam supor.

Capítulo 5

O que notar e encorajar: Seja criativo

É uma boa prática encontrarmos pelo menos três características em nossos filhos que possam ser notadas e comentadas positivamente todos os dias. Devemos usar esses comentários para apontar para o passado, o presente e o futuro. Você não deve se perguntar *se* uma criança é boa em algo, mas "no que é boa", porque certamente haverá algo no que diz ou faz digno de nota e apreciação. Nós só temos de estar atentos e ser criativos.

Freqüentemente se diz que são preciso quatro "elogios" para desfazer o impacto negativo de uma crítica. Portanto, a quantidade de vezes que devemos, ou precisamos, dizer algo encorajador depende em parte do quanto fomos críticos. É claro que é preciso haver um limite: se nós dissemos cinco coisas dolorosas ou negativas em um dia, tentar compensar isso dizendo vinte positivas no mesmo dia é logisticamente difícil (porque não costumamos passar tanto tempo juntos), muito confuso para nossos filhos (porque parecemos estar sempre mudando de opinião) e pode criar uma atmosfera muito intrusiva e artificial (porque temos de observar com muito cuidado para ver quando faremos o elogio). A atenção dos meninos pequenos tende a voar livremente, por isso eles se beneficiam com muito feedback positivo oferecido freqüentemente e de diferentes maneiras para mantê-los em seu rumo, como discutiremos no capítulo a seguir. Quanto mais velhos os meninos se tornam, menos precisam ou desejam elogios contínuos. O encorajamento se torna mais ligado ao contexto, por exemplo, concentrado em um desafio particular. Se não exagerarmos nos elogios, o menino valorizará mais essas apreciações menos freqüentes. Contudo, não se esqueça de continuar a lhe dizer o quanto você gosta de sua companhia e ama quem é. O mundo que ele tem pela frente pode parecer desafiador, até mesmo assustador, e precisará de toda a autoconfiança possível.

Há uma ampla gama de atributos e conquistas a notar. Se nós nos concentrarmos em uma única área, por exemplo, nas notas e tarefas escolares, teremos de perguntar sobre isso todos os dias para saber o que dizer. E o aspecto da vida do menino que notarmos mais poderá se tornar o que ele considera que valorizamos mais, e aquele que escolherá sabotar se quiser nos magoar.

Se nós nos orgulharmos de oferecer um lar tolerante e caloroso, valorizaremos, notaremos e apreciaremos claramente todos os aspectos da personalidade do menino – seus medos e pontos fracos, assim como seus pontos fortes; suas habilidades e talentos; sua capacidade geral; sua atitude em relação aos outros e capacidade de lidar com problemas.

31 Aprecie a capacidade de reflexão dele

Os meninos são, essencialmente, "realizadores"; homens de ação. Gostam de ser barulhentos, ativos, manter-se em constante movimento. Pode ser exaustivo ter de lidar com eles, mas a maioria de nós daria tudo para recuperar esse vigor – o poder de continuar sem parar e aparentemente sem esforço até cair. Contudo, eles têm de aprender a pensar e refletir. Muitos meninos parecem achar a reflexão antinatural. Nós podemos ajudar garantindo que terão momentos tranqüilos para reflexão, fazendo comentários positivos quando demonstram ter refletido sobre algo e incentivando o hábito de fazer duas ou três perguntas mais difíceis antes que eles afirmem que entenderam o suficiente.

Na verdade, os meninos pensam o tempo todo; quando decidem que jogo jogar ou as roupas que vestirão de manhã (embora às vezes torçamos o nariz quando escolhem o item mais à mão como uma solução rápida!); quando descobrem como consertar um brinquedo quebrado, acabam com uma discussão com um amigo ou sugerem um presente adequado para um irmão ou uma irmã. O menino é forçado a refletir quando lhe pedimos para explicar seu comportamento. A reflexão é uma ferramenta útil e protetora porque o ajuda a pensar adiante, conviver com os outros e manter-se longe de problemas.

Pais

- Converse sobre horas ou dias recentes, lembrando o que ele poderia ter achado divertido, assustador ou difícil. "É interessante você ter mencionado isso. Por que o achou assustador?"
- Convide-o a planejar e pensar adiante quando tiver tempo livre ou enfrentar uma situação desconhecida.
- Valorize as escolhas dele: "Essa é uma boa brincadeira!", "Eu gosto quando você usa essas calças com essa jaqueta."

Professores

- "Quem é um bom solucionador de problemas aqui?"
- "Eu gostei muito de suas idéias sobre o que Ben estava realmente pensando acerca dessa história."
- Pergunte-lhe como gostaria que uma história ou um jogo terminasse.

32 Encoraje o lado sociável dele

As meninas são naturalmente falantes, os meninos menos. Eles tendem a falar e ler mais tarde, e conseqüentemente ter um vocabulário menor, e a passar menos tempo em conversas íntimas com os amigos, um padrão que se mantém na adolescência e aumenta ainda mais essa lacuna verbal. Sua habilidade motora fina também demora mais para se desenvolver, por isso eles podem achar a escrita uma coisa lenta e freqüentemente confusa. As palavras, faladas ou escritas, não costumam ser o ponto forte dos meninos.

Menos falantes e capazes de se expressar, os meninos são mais propensos ao constrangimento e à timidez e preferem evitar reuniões sociais. É típico de um menino aparecer momentaneamente em um evento familiar e depois sumir, ou se juntar a outros meninos e ir para o computador ou para esconderijos!

Contudo, as habilidades sociais são valiosas e a educação emocional exige um bom vocabulário para expressar sentimentos e entender comportamentos. É importante recompensar os meninos quando eles participam, receber seus amigos, desencorajar o isolamento e incentivar a conversação.

Pais

- Valorize uma série de habilidades que ajudam seu filho em situações sociais, como prestimosidade, compreensão, gentileza, reflexão, participação e cordialidade.
- Espere que ele às vezes acompanhe você em visitas a amigos e parentes.
- Tente fazer pelo menos uma refeição por semana em família para incentivar a conversação e as brincadeiras amigáveis.

Professores

- Os meninos freqüentemente preferem trabalhar sozinhos a trabalhar em grupo, pois assim não têm de partilhar ou explicar, podem ser competitivos e agir a seu próprio modo sem ter de fazer concessões. Mas as tarefas em grupo incentivam a sensibilidade e a sociabilidade. Os dois modos de trabalhar devem ser incluídos no aprendizado estruturado.
- Grupos mistos e do mesmo sexo ajudam meninos e meninas a apreciar seus pontos fortes e a aprender uns com os outros.

33 Admita que ele se esforçou muito

Você se esforçou e fez o melhor que pôde? É isso que importa.

Admitir o esforço não evita dificuldades, porque o progresso é feito em todas as etapas da jornada do aprendizado. Progredir é, no mínimo, tão importante quanto chegar; e cada ponto de chegada é deixado para trás à medida que o aprendiz prossegue. Pode ser um passo maior para um menino finalmente perceber o que fez errado e descobrir sozinho como corrigir seu erro do que acertar na primeira tentativa mas com pouca consciência do motivo do acerto.

O esforço é importante. Ninguém conquista nada sem ele. Requer concentração e significa dar o máximo de si. As crianças pequenas acham difícil se concentrar e provavelmente não entendem bem o verdadeiro significado de "tentar muito". Mas, se os esforços mais limitados de um menino pequeno não forem respeitados e valorizados, poderá ser mais difícil para ele fazer os esforços necessários quando ficar mais velho e tiver mais controle sobre isso, e os resultados poderiam importar mais.

Pais

- Pergunte-lhe o que ele quer dizer quando afirma, "Mas eu realmente tentei muito", antes de dizer que essa é uma desculpa esfarrapada.
- Faça perguntas específicas sobre: o tempo que gastou naquilo, a quantidade de distrações como a TV, o computador ou telefonemas, se ele se deu ao trabalho de pesquisar ou conferir algo de que não tinha certeza.
- Se você tem todos os motivos para acreditar quando seu filho lhe diz que fez o melhor que pôde, e ele não sabe fazer de modo diferente, pare de discutir esse assunto.

Professores

- Você incentiva seus alunos a entender o significado dos termos "esforço" e "tentativa"?
- Você fala sobre como pode ser difícil perseverar, e o que os alunos acham e sentem quando ficam desanimados? Peça a alguém que consegue superar o desânimo para dizer como faz isso.

34 Note a capacidade de organização dele

Os professores dizem que os meninos são visivelmente menos organizados e independentes do que as meninas quando começam o ensino médio, e que isso interfere em seu trabalho. Eles deixam livros em casa e mochila de ginástica no ônibus ou se esquecem do prazo para entregar o dever de casa. Isso é uma desvantagem. Mas a reação da maioria dos pais ou entes queridos é assumir o controle e fazer mais coisas para o menino sob seus cuidados, a fim de evitar desastres. Isso poderia fazer com que nos sentíssemos melhor: evitamos ficar constrangidos quando a escola reclama e podemos ver nosso envolvimento como um gesto de carinho quando se torna mais difícil abraçar o menino; mas não é útil. Os meninos precisam enfrentar as conseqüências de sua desorganização porque somente assim farão esforços reais para mudar seu modo de agir.

Mas nós não temos de esperar até as coisas se tornarem realmente ruins. Há outras opções. Bem antes do fundo do poço, podemos notar e comentar favoravelmente sobre pequenos exemplos de organização e auto-administração. Arrumar apenas um canto do quarto é um progresso; voltar no último minuto para pegar um item esquecido é melhor do que se esquecer totalmente dele; e priorizar compromissos em um sábado cheio demonstra capacidade de planejar para o futuro.

Pais

- Sugira estratégias para ajudar seu filho a se organizar, como fazer listas ou escrever lembretes em etiquetas adesivas.
- Pergunte-lhe como ele prefere se lembrar das coisas. Esse projeto deve ser de seu filho, não seu, ou poderá não dar certo.
- Observe quando seu filho conseguir pensar adiante e se preparar. Se ele costuma reunir tudo no último minuto e isso dá certo, é suficientemente bom.
- É melhor aplaudir as habilidades em desenvolvimento do que demonstrar frustração e dizer sarcasticamente o quão longe ele ainda tem de ir. Seu filho pode ser organizado em algumas esferas, mas não naquelas que você gostaria que fosse!

Professores

- O trabalho dele pode ter uma apresentação confusa, mas, se demonstrar uma abordagem organizada, isso deve ser salientado e comentado.
- O foco no processo meta-aprendizado – aprender como aprender – incentivará automaticamente os meninos a considerar seus procedimentos e preparação.

35 Valorize a imaginação dele, ainda que fantasiosa!

Sou um cavaleiro. Esta régua é minha espada e eu vou matar o dragão! Esta pequena figura é o Gandrill – ele é o senhor do fogo e responsável por todos os anões que precisam de fogo para fazer punhais especiais com o poder de transformar em pó os duendes malvados!

A imaginação de um menino o representa. É sua própria criação, dando-lhe não só sensação de liberdade como também algum controle produtivo sobre seu tempo. A fantasia permite infinitas possibilidades: o menino pode explorar a rara experiência de se sentir poderoso porque é capaz de criar histórias nas quais tem o papel principal e poder ilimitado. Quando no comando da história, nada pode dar errado para ele, a menos que assim o queira, por isso pode se sentir totalmente seguro. Se aceitarmos seus termos e o papel que ele quer que representemos, também nos comandará, o que o ajudará a aceitar nossas ordens durante o resto do tempo.

A fantasia incentiva a flexibilidade mental e a criatividade, aspectos também úteis na escola. É muito importante apreciar e valorizar a capacidade do menino de desenhar, representar e explorar imaginativamente, e de vez em quando entrar em sua fantasia.

Pais

- Não desvalorize nenhuma brincadeira imaginativa. Ela é parte de seu filho e aumenta as habilidades, o autoconhecimento e a confiança dele.
- Os meninos mais velhos exploram a imaginação por meio da fantasia. Isso não é pueril, mas um saudável contrapeso para a rotina diária, desde que ele possa deixá-lo para trás quando for apropriado.
- Se você entrar no jogo imaginativo de seu filho, não fale subitamente sobre as compras que precisa fazer ou o que ele gostaria de comer na hora do chá, pois isso acabará com sua criação e crença em que você o leva a sério.

Professores

- A imaginação fantasiosa pode distrair, mas os meninos precisam poder ser eles mesmos, e ser incentivados a correr o risco de explorar possibilidades.
- Às vezes a imaginação dos meninos assume a forma de brincadeiras bobas. Eles fazem palhaçadas para obter atenção e status, mas também para exercitar sua mente e descobrir novos modos de brincar com idéias.

36 Aprecie o humor dele

O humor alegra muito a vida. Por volta dos 7 ou 8 anos, algo muito importante acontece no modo como a mente das crianças funciona. Elas podem olhar para si mesmas de fora, pensar bem mais facilmente em categorias abstratas, brincar com idéias e ver novas ligações. Qualquer um que tenha um filho dessa idade lhe dirá que nessa fase é constantemente convidado a rir de piadas sem graça que o filho acha hilárias. As piadas nos livros infantis tendem a ser recontadas nessa faixa etária. As crianças repetem piadas ouvidas no playground que, embora não consigam entender, encontram uma explicação alternativa que faz sentido para elas. Mas não é apenas das piadas em si que elas gostam; gostam de entrar nesse mundo adulto de piadas, até então fechado, e de estar na poderosa posição de fazer outras pessoas rirem. Na verdade, tornam-se os bobos da corte da própria família.

Quando rimos, por educação ou porque realmente achamos graça, o menino não pára mais. Ele sente um enorme prazer em entreter dessa maneira, pois isso o faz se sentir muito orgulhoso. Nós devemos ser a platéia que o aprecia, deixá-lo exercitar seus novos músculos mentais e se divertir brincando com idéias e palavras.

Pais

- Seja paciente, e tente rir – ou sorrir – quando ouvir uma piada, mesmo que já a tenha ouvido um monte de vezes.
- Truques de mágica são piadas visuais que brincam com as percepções e expectativas do observador. Incentive o interesse pela mágica e seja tolerante para com a apresentação que seu filho pode querer preparar para a família.

Professores

- A partir dos 8 anos, os meninos começam a entender o verdadeiro humor das piadas e gostam de contá-las e inventá-las. Seu humor deve ser valorizado, estimulado e ter espaço na sala de aula – embora eles precisem aprender quando é ou não um bom momento para exercê-lo.
- Também é por volta dessa idade que os meninos podem se tornar o palhaço da classe, em parte porque obtêm status quando fazem os outros rir e em parte para evitar responder a perguntas. Para melhorar uma situação irritante, pode ser útil convidar o principal "culpado" a preparar uma verdadeira sessão de entretenimento.

37 Aceite alegremente a criatividade – e também a bagunça e os riscos envolvidos

Todo ser humano tem a capacidade de ser criativo. As crianças pequenas consideram isso mais fácil, porque têm menos noção do que é esperado, ou certo e errado. A experimentação é divertida e as ajuda a se sentir poderosas e no comando – livres de regras e outras restrições. Os meninos mais novos ainda não absorveram as convenções sociais relacionadas com o gênero, por isso podem ser incentivados a experimentar uma ampla gama de atividades, inclusive cozinhar e pintar.

Quando os meninos mais velhos expressam sua criatividade de maneira menos organizada, não devemos desvalorizá-la apenas porque parece sem objetivo. Aparar galhos secos com um canivete, erguer barracas de camping ao ar livre, sujar-se de lama ou criar regras para vários jogos são atividades criativas.

A criatividade é a expressão da originalidade: ajuda a criança a descobrir sua identidade e a experimentar diretamente sua individualidade.

Pais

- Não são apenas as meninas que gostam de pintar. Ofereça a seu filho muitas oportunidades de desenhar, colorir, pintar e esculpir depois da escola maternal.
- A maioria dos chefs é do sexo masculino, por isso não ache errado incentivar os meninos a cozinhar e criar receitas.
- Quadros de colagem podem ser feitos com sucata, restos de tecidos, galhos, folhas, pétalas e sementes de plantas.

Professores

- Os meninos podem se concentrar mais fácil e profundamente em uma atividade criativa quando ficam calados. Tente limitar as conversas enquanto eles exploram suas idéias e descobrem o que podem criar.
- Limpar tudo depois ajuda a promover bons hábitos organizacionais e incentiva uma alocação sensata do tempo. Convide os alunos a calcular quanto tempo é necessário para isso.

38 Vá fundo – endosse os valores e as crenças dele

Se um dos objetivos do elogio é fazer o menino gostar de quem é, em vez de contar com uma série de coisas externas como roupas, brinquedos, kits ou talentos para se sentir bem consigo mesmo, precisamos respeitar seus valores e crenças.

Os meninos mais novos ainda não desenvolveram um sólido sistema de valores para apreciarmos, mas dão grande importância às amizades e às brincadeiras. Além disso, têm uma grande preocupação natural com a justiça que ignoramos por nossa conta e risco. Suas crenças, visíveis na interpretação que fazem de seu mundo imediato, formam a estrutura que cria coerência quando eles enfrentam e administram situações confusas.

A partir dos 8 anos, a capacidade dos meninos de pensar de modo mais abstrato e conceitual e ver coisas de outros pontos de vista leva muitos deles a se interessar por assuntos que dizem respeito aos outros. Sejam interesses por religião, vegetarianismo, ecologia, astronomia ou música alternativa, devemos endossar o direito de cada menino de desenvolver os próprios valores, e respeitar suas crenças.

Pais

- Tipicamente os meninos desenvolvem paixões por determinados esportes, tipos de música, conhecimento sobre espaço e astronomia, carros, armamento militar ou livros que envolvam determinados personagens. Demonstre interesse e os ajude a descobrir mais para endossar suas escolhas e valores.
- Se ele nutre paixão por animais, isso significa que se importa com as criaturas que precisam de cuidados, e devemos respeitar essa ternura.

Professores

- Tente descobrir paixões e valores individuais e se refira a eles respeitosamente.

39 Aprecie e desenvolva as habilidades e a competência prática

As crianças em crescimento sentem muito orgulho sempre que fazem algo que antes não conseguiam. Passam tantos anos de algum modo dependentes que têm uma sensação de liberdade e autonomia quando se tornam suficientemente altas, fortes, hábeis e responsáveis para se governar bem ou realizar tarefas que exigem habilidades e conhecimentos e podem ser úteis para os outros.

As habilidades espaciais – ver como as coisas se encaixam, rearranjar objetos mentalmente e se lembrar de rotas, mapas e lay-outs de instalações elétricas são o forte dos meninos. Isso torna muitos deles especialmente bons em construir e consertar coisas, e em resolver problemas de computadores.

As habilidades práticas ajudam o menino a se governar, o que é valioso não só para a sobrevivência, mas também para a autonomia, que é a expressão máxima do eu. Portanto, as competências ajudam a definir e acionar a consciência do eu e a aumentar a auto-estima.

Pais

- Anote todas as coisas que seu filho gosta de fazer e faz bem, e pense em modos de pôr em prática essas habilidades no lar.
- Se ele for muito jovem para ajudar efetivamente, incentive-o a segurar ou entregar coisas para você, e ao mesmo tempo ele aprenderá.
- Dê a ele aparelhos elétricos ou outros equipamentos (seguros) quebrados, para desmontar e explorar.

Professores

- Quando um aluno mencionar algo que fez ou consertou em casa, cumprimente-o por sua habilidade: "Parece que você é bom nisso. Quer um emprego na minha casa!?"
- À medida que a menino for desenvolvendo sua habilidade manual, mostre-lhe como pô-la em prática. "Uau, isso o tornaria bom em eletrônica/na afinação de meu violão/em picar vegetais/em vestir minha filha pequena de manhã!"

40 Vá mais fundo – aceite os medos e os sentimentos dele

Meu maior problema é quando meu pai fica dizendo "Seja homem" sempre que eu choro. Eu sei que sou um menino, mas é muito difícil conter o choro. Tenho medo de me tornar um enorme fracasso. (12)

"Se uma criança não puder ficar triste, solitária ou zangada porque seus pais não ficarão satisfeitos com ela, sentirá que não pode ser a pessoa que sabe que é, e acreditará que é insatisfatória." (Dorothy Rowe, autora e psicoterapeuta) A criança cujos medos e sentimentos são ignorados ou negados se sente não só incompreendida, como também muito só. Fora nossa herança psicológica, são os sentimentos que nos tornam quem somos e conscientes de nós mesmos. Nós os experimentamos, com freqüência intensamente, antes de dispormos de palavras para descrevê-los, e são nossos primeiros elementos básicos. As coisas que nos interessam, aborrecem, frustram, magoam, agradam e nos tornam defensivos ou egoístas criam nossa individualidade. Se pudermos reconhecer todas as disposições de ânimo e características particulares da criança, demonstraremos um conhecimento profundo dela e do modo como vê o mundo.

Ao aceitar os dilemas da criança em seu nível, nós lhe daremos nada menos do que liberdade para ser ela mesma e crescer.

Pais

- Aceite que as crenças assustadoras de seu filho são verdadeiras para ele. Você não deve lhe dizer que os meninos não acreditam nessas bobagens e que ele não deveria ter medo de coisas como monstros, escuro ou águas profundas.
- Note a alegria de seu filho observando-lhe os movimentos do corpo, os olhos brilhantes ou o andar saltitante, diga: "Você parece muito alegre hoje. Algo de bom deve ter acontecido. Sorte sua!" e deixe-o guardar aquilo para si mesmo se não quiser lhe contar.
- Também observe a tristeza de seu filho, e aceite que ele sentirá raiva, ciúme, ressentimento, solidão ou até mesmo ódio de você, e lhe diga que isso é natural. Nunca negue seus sentimentos difíceis.

Professores

- Muitos meninos são bastante sensíveis e melindrosos. Evite que outras crianças da classe caçoem de seus sentimentos naturais.
- Aprender pode ser algo assustador. Reconheça que alguma relutância em tentar poderia mascarar um grande medo do fracasso, e tente chegar ao fundo disso. Deve-se tornar seguro o ambiente de aprendizado para os meninos sem confiança.
- Os medos e sentimentos, assim como todas as emoções fortes, dificultam o aprendizado. Entenda pelo que um menino poderia estar passando em sua vida pessoal, qual padrão e expectativa de relacionamentos ele traz para a escola, e considere como isso pode afetá-lo.

Capítulo 6

A linguagem do elogio: Maneiras de dizê-lo e fazê-lo

Os seres humanos se comunicam de muitas maneiras sutis e menos sutis. Nós usamos palavras, toques, expressões faciais e uma série de gestos físicos e simbólicos. Freqüentemente percebemos o prazer que demos a alguém apenas pelo tom de voz dessa pessoa ou pelo modo como olha para nós. Muitas vezes interpretamos várias reações e as reunimos em uma impressão geral. Na idade adulta, não precisamos que as pessoas sempre nos digam que nos saímos bem.

O elogio vale a pena porque ajuda os meninos a se sentirem reconhecidos, notados, aprovados, valorizados, aceitos, apreciados e bem-sucedidos, e há muitos modos de fazê-lo. Nem sempre ele tem de ser feito com palavras. À medida que forem amadurecendo, eles também apreciarão sinais mais sutis de que estamos gratos. Embora tendamos a usar a linguagem para expressar alegria, prazer e surpresa quando uma criança se sai bem, ao ampliar nosso repertório de elogios, reduziremos os perigos já mencionados do elogio falado e as surpreenderemos, o que é sempre divertido!

Se as crianças se desenvolvem quando têm certeza de que as apreciamos, é importante nos divertirmos com elas quando se saírem bem. Não devemos caçoar delas parodiando ou deturpando o elogio, mas toda a família pode se divertir muito ao descobrir modos diferentes de expressar amor e apreciação, e abordagens de tons mais leves.

41 Simplifique a aprovação

Quanto mais falarmos, mais o elogio poderá parecer forçado, falso, inadequado ou exagerado. Para evitar que a criança se sinta oprimida, desconfortável e até mesmo incompreendida, devemos simplificar nossas manifestações de aprovação.

Como já foi explicado, a aprovação se concentra no indivíduo. Põe a criança em foco, motivo pelo qual, quando exagerada, pode fazê-la se sentir constrangida. Por outro lado, a apreciação tem a ver com a tarefa e por isso às vezes tem de ser mais detalhada e específica (embora não desproporcional) para que a criança saiba que pode acreditar nela.

Até mesmo o elogio que descreve e reflete o que nos agradou (às vezes chamado de "elogio descritivo") pode ser simplificado se dissermos coisas como "Bela pedalada", "Boa pegada", "Bem-arrumado" ou "Bela tentativa", em vez de "Foi ótimo o modo como você fez aquele círculo apertado com a bicicleta". Deixar de fora alguns detalhes permite ao menino decidir sozinho o que foi bom, tornando-o menos dependente de nossa avaliação e mais livre para tirar as próprias conclusões.

Pais

- Varie as palavras, o estilo e a reação para evitar parecer um disco rachado. As crianças perdem o interesse muito rápido e imaginam o restante quando ouvem a introdução, especialmente quando as aborrecemos. Até mesmo o elogio pode parecer batido.
- Experimente reações como: "Isso é lindo!", "Brilhante", "Muito bem!" "Isso é ótimo!", "Obrigado por fazer isso", "Isso foi sensato", "Quanta delicadeza!", "Grande idéia!"
- Se seu filho começar a olhar para você de soslaio, em vez de se encher de orgulho, aja com cautela. Guarde seus comentários para algo que seja mais importante para ele.

Professores

- Os comentários nos trabalhos escritos têm de ser completos e explícitos, mas a aprovação verbal pode ser sucinta. "Eu realmente gostei dessa história/de seus argumentos/da linha que você seguiu. Dê uma olhada nos meus comentários."
- Tons de voz cordiais e atenção sincera também transmitem aprovação.

42 Expresse-se com um sorriso

Às vezes, as crianças não precisam ouvir palavras, e sorrisos radiantes bastam. Quando elas atingem a linha de chegada na corrida da escola e se viram para descobrir se nós vimos seu esforço ou triunfo, freqüentemente só podemos dar um sorriso e fazer um sinal afirmativo com a cabeça de longe – e isso é mais do que suficiente.

Pais

- De vez em quando podemos usar adesivos com rostos sorridentes como uma surpresa ou lembrete de nosso amor, especialmente em ocasiões em que não podemos estar presentes. Mas não pense que substituirão a coisa real!
- Podemos desenhar um rosto sorridente em um quadro branco ou negro no quarto de um menino mais novo depois que ele dormir, para que o veja ao acordar. Mas não deixe que isso se torne uma rotina noturna.

Professores

- Rostos sorridentes desenhados ou colados no final do trabalho mostram que você ficou satisfeito com o resultado, mas não oferecem feedback detalhado e útil quando é mais apropriado.

43 Expresse-se com o toque

O toque tem a própria linguagem. Pode dizer muito de vários modos diferentes, e só precisa ser rápido. É, por exemplo, um modo íntimo de demonstrar consideração e respeito. Às vezes expressa os sentimentos mais rapidamente do que as palavras, e, apesar de menos preciso, tem a grande vantagem de permitir que quem o recebe entenda o que quiser – e precise ouvir. Por isso, tende mais a "atingir o alvo" e satisfazer. Certamente é menos sujeito a interpretações equivocadas do que torrentes de palavras positivas, e um importante gesto de aprovação, apreciação e cumprimento. Sua capacidade de transmitir compreensão também o faz ser um bom modo de demonstrar empatia.

Uma criança que vive perto de adultos que nunca a tocam, mesmo quando a elogiam com as palavras "certas", se sente ignorada, indigna de atenção, inferior, mal compreendida e, finalmente, envergonhada – o oposto do que se espera de um elogio.

Pais

- Experimente pequenos toques de apreciação em vez de usar palavras.
- Se o toque tiver desaparecido de seu relacionamento com seu filho que cresce, sente-se ao lado dele para ver tevê, acaricie seus os cabelos ou segure a mão dele enquanto vocês conversam antes da hora de dormir.
- Se ele tiver dificuldade em aceitar esses gestos, pergunte-lhe antes se pode fazê-los.

Professores

- É claro que, em geral, não é apropriado que os professores toquem em seus alunos, especialmente quando são mais velhos. Contudo, se você olhar bem de perto para o trabalho de seu aluno, demonstrará que o aceita e se sente confortável na presença dele.
- Pense na possibilidade de apertar a mão de um aluno ou estender a palma de sua mão como os atletas fazem como outro modo aceitável de demonstrar aprovação e apreciação.

44 Use gestos divertidos

Meu filho adolescente se saiu muito bem em alguns exames importantes. Eu queria demonstrar minha apreciação e meu reconhecimento dessa conquista sem usar dinheiro, presentes ou exagerar, porque ele havia se esforçado muito para a própria satisfação, não para a minha. Então comprei uma grande folha de cartolina na qual colei várias fotos da família com etapas diferentes de sua vida. Para cada uma delas, escrevi um comentário engraçado sobre seu potencial. Ele achou aquilo bobo mas engraçado, e adorou! Ainda o guarda, oito anos depois.

O dinheiro não é o único modo de medir o valor ou expressar prazer, embora possa ser muito fácil assinar cheques. Apesar de os meninos adorarem ganhar algo novo pelo qual ansiavam, também apreciam um gesto original que exija tempo e esforço, tenha relação com suas paixões, faça-o rir. Isso certamente será lembrado durante muito mais tempo. E os aniversários podem ser usados para realizar a lista de desejos.

Pais

- Outros gestos que demonstram sua apreciação podem incluir:
  - Programar um passeio especial.
  - Preparar-lhe a refeição favorita.
  - Chamar um amigo para dormir em sua casa.
  - Comprar uma almofada, luminária ou colcha nova para o quarto dele.

Professores

- Exames orais funcionam bem no final do ano letivo para reconhecer o progresso da classe como um todo. Pequenos prêmios de balas, chocolates ou sacolas de brindes os tornam ainda mais divertidos e especiais.

45 Os abraços são para partilhar

O abraço é um gesto físico que nos permite partilhar sentimentos de alegria ou desapontamento. Basicamente não é julgador, porque é empático e diz, "Estou feliz por você", assim como "Estou triste/feliz/satisfeito com você", nos dois sentidos da frase. É uma via de mão dupla, porque tem de ser aceito e correspondido. Quando termina, deixa nosso filho com a sensação de que não há nada que possamos tirar dele e usarem benefício próprio.

Algumas famílias não se sentem à vontade com esse tipo de proximidade física. Não se abraçam, beijam ou se expressam muito. Os meninos que entram na adolescência, com freqüência, rejeitam os abraços, particularmente os maternos. Passar adiante o abraço de um cão ou gato de estimação, ou de um brinquedo favorito velho e macio, pode ajudar a transmitir o abraço sem o impor.

Pais

- "Eis um abraço (e faça o gesto). Quando você estiver pronto para ele, venha recebê-lo!"
- "Sua felicidade pode ser partilhada? Então que tal me dar um abraço?"
- "Isso realmente me deixou feliz. Me dê um abraço para que eu possa partilhar minha felicidade com você."

Professores

- Os professores não podem abraçar as crianças, mas podem ficar perto delas e dar tapinhas em seus braços ou ombros, ou expressar sua satisfação com palavras.

46 Expresse-se com surpresas!

As surpresas são outro modo de agradecer, demonstrar apreciação ou amor. Uma refeição favorita, um prato com pedaços de frutas formando um rosto engraçado, uma nave espacial ou um foguete, passeios, um balão em que você escreveu ou desenhou e um pequeno presente inesperado são exemplos de surpresas que podem mostrar o reconhecimento de um esforço especial ou apenas dizer o quanto você o apreciou naquela semana ou no fim de semana.

Agrados às sextas-feiras são um ótimo modo de encerrar uma semana escolar. Se o menino quiser saber qual o "motivo" do agrado, podemos responder: para marcar o fim de uma semana de trabalho ou "porque você é você!".

Pais

- Os agrados e as surpresas não têm de ser merecidos.
- Se a recompensa for a mensagem, os agrados poderão levantar a questão, "Mas e se eu não for bom da próxima vez?", e acabar perdendo a graça.
- O prazer é a surpresa e a idéia, não o objeto em si. Pode ser realmente simples – e barato!
- "Hoje, só para nos divertirmos, vamos caminhar em uma noite misteriosa carregando tochas!"

Professores

- Pressões curriculares freqüentemente deixam pouco espaço para surpresas, mas o final do ano letivo é um bom momento para apreciar o compromisso de todos e se divertirem juntos.

47 Deixe-o expressar o que sente

O boletim escolar de meu filho de 6 anos foi muito lisonjeiro, e sua professora ressaltou o quanto ele foi bem-sucedido academicamente. Quando eu disse "Muito bem", ele escondeu o rosto e disse chorando: "Esse boletim é estúpido. De que adianta dizer que sou bom quando isso é tão fácil?"

Afirmação significa que nós aceitamos a criança como ela é, e não moldada segundo o que queremos ver porque isso torna a vida mais simples. Um menino que se sai bem e se desenvolve (porque essas são coisas diferentes) se conhece e se sente livre para "ser". Se ele puder se sentir triste, frustrado, feliz, desapontado, zangado, detestável, confiante, assustado ou animado, provavelmente experimentará a tolerância, a presença contínua e o amor dos pais em todos esses momentos como um sinal de que pode confiar neles e em si mesmo, porque eles o aceitam e confiam totalmente nele. Ele se sentirá compreendido e, se puder decidir quando remover obstáculos, prosseguir, explorar seus novos interesses e usar e administrar seu tempo, terá bastante confiança para fazê-lo de modo sensato.

Pais

- Nossos sentimentos são a base de nosso eu.
- Deixe que seu filho se sinta desapontado ou zangado se não tiver se saído bem – ou se não tiver aceitado bem algo que você disse.
- Se você se der ao trabalho de entender os sentimentos que podem explicar o comportamento de seu filho, descobrirá mais sobre ele.
- É normal que os meninos sintam com raiva, insultados, hostis e orgulhosos, porque são seres humanos como nós. Pergunte-se por que você se aborrece com as reações de seu filho; não o pressione para negar ou ignorar essas reações.

Professores

- Admita os sentimentos dos meninos, mas se certifique de que serão mantidas as regras sobre os modos aceitáveis de expressá-los.

48 Deixe que ele o diga

Não é necessariamente teimosia ou arrogância uma criança achar que foi bem-sucedida e dizer isso. Na verdade, os alunos do ensino médio são cada vez mais incentivados a julgar a qualidade de seus trabalhos como parte de programas de auto-avaliação bem organizados. Muitas escolas maternais americanas, influenciadas por recentes orientações do governo, convidam crianças de 3 anos a "planejar, fazer e rever" a eficácia das abordagens que escolheram para várias tarefas.

O possível lado negativo de admitir abertamente ter sido bem-sucedido é o orgulho e a vaidade. As crianças logo identificam os presunçosos e podem se voltar contra eles impiedosamente; na verdade, a maioria das crianças é muito reticente em relação aos próprios talentos e não é naturalmente presunçosa. Talvez as presunçosas apenas imitem seus pais! Mas evitamos o perigo deixando claro que as habilidades particulares do menino não o tornam melhor como pessoa do que alguém sem esses talentos, e que ele jamais deve menosprezar quem tem um desempenho diferente. O conhecimento de que fez o melhor possível e foi bem-sucedido em determinada atividade deve ficar restrito a ele.

Pais

- Ensine que "bom em" significa "diferente de", não "melhor do que", e não envolve comparações de habilidades.
- Sempre pergunte, "Está satisfeito com isso?" ou "Você elogiaria isso?" e deixe-o decidir e responder.
- Os meninos tendem a superestimar seu trabalho quando o avaliam. Se seu filho disser que é ótimo e realmente estiver feliz com ele, pergunte-lhe o que poderia fazer de modo diferente da próxima vez para torná-lo ainda melhor. Assim ele será obrigado a procurar meios de se aperfeiçoar.

Professores

- "Fiquei muito feliz com isso. Está muito bom. Você achou que fez bem?"
- Incentive a auto-avaliação, apoiada pela crítica e mediação de colegas.
- Antes de você escrever no final do boletim do período letivo, peça aos alunos para anteciparem seus comentários. Se houver uma grande discrepância entre sua opinião e a de um aluno, discuta isso com ele depois.

49 Deixe os irmãos participarem disso

Deve ser parte da vida familiar os irmãos valorizarem e apreciarem as conquistas especiais uns dos outros. Mas isso não acontecerá sem que todos tenham primeiro ouvido você dizer "Muito bem" ou "Isso é um lindo..." – frases simples e fáceis para toda criança usar. É claro que as crianças não devem assumir a responsabilidade dos pais de afirmar ou aceitar seus irmãos. Contudo, se a família realmente partilha a apreciação e o elogio não é tratado como um troféu ou um meio de tirar vantagem, todas as crianças se sentem mais generosas e abertas – e menos ameaçadas ou possessivas – em relação a ele.

Podem surgir dificuldades quando um irmão tem talentos ou interesses que o tornam mais entusiástico e bem-sucedido do que outro. Ele pode conquistar mais admiração de amigos e familiares, criando um desequilíbrio entre os irmãos. Se isso acontecer, peça aos admiradores ao redor que se contenham e se certifiquem de que o outro irmão está recebendo bastante atenção, carinho e apreciação, freqüentemente mais estimulantes do que o louvor. Também tenha cuidado para não apagar a linha entre a conquista e a criança, porque isso pode acentuar o ciúme e a rivalidade.

Pais

- Demonstre alegria pelas várias conquistas de seus filhos, seus prazeres e personalidades.
- As crianças mais novas podem fazer um desenho para o irmão que se saiu bem. As mais velhas podem apenas dizer, "Muito bem!", perguntar sobre o evento e assistir à peça, ao jogo ou à apresentação do irmão.
- Não deixe que uma criança em particular obtenha todos os aplausos e atenções. Se houver um ciúme potencialmente destrutivo, o equilíbrio poderá ser perturbado.
- Veja o talento da criança como "a coisa escolhida por ela", e não como algo extraordinário.

Professores

- Valorize cada criança como um indivíduo.
- Sugira que um irmão na mesma escola poderia gostar de saber sobre um resultado especial.
- Tome cuidado ao falar com um irmão sobre os bem-sucedidos esforços do outro, para que isso não seja interpretado como um modo ardiloso de fazê-los melhorar.

50 Tenha cuidado com frases que contenham "eu"

O elogio deve se concentrar mais no evento ou na criança do que em nós. Quando começamos frases com "Eu...", enfatizamos nossa visão das coisas. "Eu gosto do modo...", "Eu estou muito contente", "Eu acho que você poderia ter feito mais para...", "Eu estou surpreso por você ter se saído tão bem...", "Eu estou convencido de que tudo dará certo para você porque se preparou muito". A discussão anterior sobre o objetivo do elogio salientou aspectos como admissão, atenção e afirmação. As crianças pequenas adoram agradar aos pais, mas quando ficam mais velhas precisam menos da satisfação deles e mais de afirmação e confirmação de que fizeram julgamentos corretos e estão no caminho certo, o que estimula a confiança.

Quando um menino anseia por um elogio, acha qualquer forma gratificante, inclusive as frases com "eu", mas essas sentenças não o ajudarão a se desvencilhar de uma confiança pouco saudável em nosso julgamento. Se ele começar a perceber que está sendo manipulado ou monitorado muito de perto, poderá simplesmente ignorá-las. Por outro lado, frases como "Você se saiu realmente bem", "Esse foi um resultado brilhante" ou "Foi impressionante o modo como você refletiu sobre essa prova escrita e viu onde errou" são mais concentradas no processo e em fatos que se referem à criança, não a julgamentos seus.

Pais

- "Você é adorável do jeito que é e especial para mim!" é menos constrangedor do que "Eu adoro você do jeito que é" – especialmente se ele acabou de fazer algo para lhe agradar.
- "Você realmente lidou bem com isso. Outros poderiam ter perdido a calma. Muito bem!" é preferível a "Eu realmente gostei do modo como você lidou com isso".
- "Você é uma companhia muito divertida" é menos constrangedor do que "Adoro estar perto de você quando está tão alegre!"
- Liberte-o: concentre seus comentários na capacidade de seu filho de realizar bem tarefas, não em suas opiniões sobre o resultado.

Professores

- "Agora está claro que você entendeu esse problema. Foi um trabalho maravilhoso e mostra que realmente você é capaz de..." é mais convincente do que "Estou feliz por você ter entendido esse problema e feito um trabalho tão bom".

Capítulo 7

Erros comuns a evitar

Apesar de nossas melhores intenções, de nosso desejo de ajudar os meninos a serem bem-sucedidos e mostrar o quanto os amamos e apreciamos, podemos dizer algo totalmente errado, ou algo certo no momento errado ou do modo errado e, por falta de jeito ou ignorância, meter os pés pelas mãos.

Embora isso possa surpreender algumas pessoas, a pior ofensa não é necessariamente a crítica, e algumas críticas podem ser justificadas e valiosas. Não é bom protegermos nossas crianças de todo tipo de desaprovação ou desapontamento. Quando seu filho faz um julgamento errado, não entende algo ou ignora uma orientação clara, precisa receber críticas diretas e construtivas para agir de modo diferente da próxima vez. A crítica construtiva é uma reação muito mais útil do que alternativas como uma punição severa, o sarcasmo, "fechar os olhos" ou fazer elogios insinceros sobre seu esforço, quando o menino sabe que o resultado foi bem abaixo do esperado. Tudo isso pode ter conseqüências contraproducentes, e é examinado neste capítulo.

Os perigos associados ao tipo errado de atenção, seja o elogio indiscriminado ou a crítica constante, incluem o perfeccionismo (que examinaremos no Capítulo 10), pressão que leva a estresse, desgaste, desistência e talvez, curiosamente, auto-estima baixa. Podemos ter a intenção de que nosso filho sinta orgulho e satisfação, mas isso não é garantido. Sabe-se que esses resultados estão no extremo mais distante; os sinais de problemas mais sérios à frente podem incluir retraimento, pequenas trapaças, cópia do trabalho de outras pessoas e incapacidade aprendida.

A característica comum a todos os erros revistos aqui é colocarmos nossos interesses e desejos na frente dos sentimentos e desejos de nossos filhos – uma incapacidade de tratá-los como seres humanos autônomos. Cada criança deve poder ser quem é sem ser comparada com ninguém ou usada por nós como um meio de aproveitarmos oportunidades que agora lamentamos ter perdido. Nossos filhos devem ter liberdade de dizer não, de parar, e ter todas as oportunidades de ser bem-sucedidos para o próprio prazer, não apenas para o nosso. Freqüentemente os pais precisam intervir para ajudá-los a superar uma dificuldade (por exemplo, quando não entendem algo de matemática ou estão decepcionados com seu progresso em um instrumento musical), mas quando o problema for resolvido devem se retirar, permitindo-lhes então estabelecer o próprio ritmo e rumo.

51 Reflita sobre por que você está dizendo isso

Quando pensamos sobre dever ou não dar o que consideramos o "presente" do elogio, primeiro vemos o que a criança fez e se o comportamento ou a circunstância o justificam. Portanto, nosso foco é nela, ligado ao contexto, limitado pelo tempo e de cima para baixo: a parte consciente de nossa atenção está fixada nela. Mas muitas vezes há motivos ocultos por trás de nossas ações aparentemente altruístas ou de comentários que têm mais a ver conosco – nossos sonhos, desejos e medos – do que com ela. Aplaudimos certas qualidades para ajudá-la a atingir objetivos que consideramos desejáveis e podemos facilmente tentar transformá-la no que queremos que seja.

Até certo ponto, isso é inevitável. É claro que o papel dos pais é incentivar um comportamento socialmente aceitável e desencorajar ações que prejudiquem as crianças ou as coloquem em encrencas. Realmente moldamos – e devemos moldar – o comportamento de nossos filhos, como jardineiros podam plantas para que tenham galhos mais fortes e flores maiores. Mas devemos ter o cuidado de não usar uma muda tirada de nós mesmos ou podá-los tanto que eles venham a precisar de muros ou arames para se escorar. Não devemos apoiar nossa própria auto-estima vulnerável no sucesso de nossos filhos, ou deixar de lhes dar a autonomia de que necessitam.

Pais

- Pense sobre se você está insistindo em ser positivo para compensar muitas preocupações recentes. Poderia estar dizendo "as coisas certas" para fazer seu filho ser mais carinhoso porque você precisa de mais apoio?
- Se a resposta for "sim" ou "possivelmente", tenha cuidado com os seus motivos e a manipulação. É melhor tratar do problema diretamente na fonte.
- Observe atentamente como seu filho reage aos diferentes modos pelos quais você expressa aprovação e contentamento.
- Concentre-se o máximo possível nele: "Sim, gostei, porém o mais importante é você ter gostado", "Acho que você se saiu muito bem, mas ficou satisfeito com o resultado?".

Professores

- Se o elogio for natural, será feito sem muita reflexão prévia.
- Os meninos com uma personalidade menos corajosa podem precisar de mais incentivo do que os outros.

52 Não use a palavra "bom"; ele não faz bem algum para os meninos

"Bom" é uma palavra ruim quando se trata de garantir a eficácia do elogio, inadequada porque não diz quase nada e usada para transmitir várias coisas às vezes de modos não muito úteis. Ao ouvi-la, os meninos podem deduzir que se refere a eles, não a seus atos.

Um dos usos dessa palavra é: "Que bom, você fez o que pedi e se comportou como eu esperava." Portanto, um menino bom pode tender a ser passivo: não é barulhento, impetuoso, bagunceiro, curioso ou desajeitado, não quebra coisas, não cria confusão ou trabalho extra, e realiza suas tarefas zelosamente. Para os pais, é a criança perfeita. E esse é o problema. O menino incentivado a ser bom pode perder a consciência de sua individualidade e identidade ao se encaixar no molde criado pelas expectativas dos pais.

O oposto de bom é mau: são palavras em preto-e-branco – e, o mais prejudicial, preto *ou* branco. Quando um "bom" menino age de modo menos gentil, ou simplesmente age normalmente, é muitas vezes chamado de "mau", o que não é justo nem proveitoso para o aprendizado.

Pais

- Em vez de "bom", podemos dizer inteligente, organizado, ponderado, útil ou criativo, ou apenas, "Você é um menino feliz". Se ele estiver satisfeito com algo que fez, é assim que se sentirá.
- Em vez de rotulá-lo de "mau" ou "desagradável", devemos dar nossa opinião. "Eu achei isso um pouco egoísta", "Eu não gostei desse comportamento".
- Para transmitir nosso contentamento com ele, podemos dizer: "Você é meu filho querido", o que sugere que é digno de amor, pré-requisito para a auto-estima positiva.
- Os meninos que fazem quase tudo o que você pede são bastante bons!

Professores

- "Muito bom" em um trabalho diz pouco ao aluno sobre o que fez certo, e ele pode não ter muita certeza disso. Então você poderia escrever, "Ótimo argumento", "Muito bem lembrado", "Um ótimo uso dos detalhes", "Bela descrição – eu vi tudo!".
- Não deve ser bom lecionar para "bons meninos". Os alunos realmente notáveis se expressam, questionam e contestam.

53 Não transforme seu sonho no sucesso – ou pesadelo – dele

Foi perguntado a um menino de 10 anos que acabara de ser escolhido para dançar com uma companhia de balé nacional, após uma intensa competição contra outros astros do balé em ascensão, se ele estava satisfeito com o resultado. O menino respondeu: "Minha mãe ficará."

O sucesso não gera necessariamente saúde psicológica e confiança, como vimos na parte sobre perfeccionismo. Quando os filhos têm de realizar os sonhos dos pais, geralmente não se sentem livres para seguir o rumo ou ritmo que lhes convém, equilibrar melhor as atividades de seu tempo livre ou decidir quando parar. Para o sucesso gerar confiança e segurança, em vez de ansiedade e insegurança, os meninos devem acreditar que estão realizando os próprios desejos. Os pais devem se certificar de que o futebol aos domingos é só para diversão, e não para compensar o fato de não terem conseguido participar da liga de futebol amador; ou, por exemplo, de que as aulas de tênis são apenas para os filhos explorarem e apreciarem o esporte, não para realizarem um sonho dos pais ou, pior ainda, ganharem muitos prêmios em dinheiro e, a longo prazo, beneficiarem os pais.

Pais

- Meninos não são fantoches – são pessoas em crescimento.
- "Para quem ele está fazendo isso – para si mesmo ou para mim?" é uma pergunta muito importante que deve ser feita em cada etapa do progresso do menino que participa de competições. E a resposta deve ser sincera.
- Não dispute com seu filho, nem o critique ou ridicularize. Todo desafio o arrasta para seu território e reforça a crença dele em que sua visão e suas preferências devem ser melhores.
- Dê-lhe espaço para ser ele mesmo. É problema seu, não de seu filho, se você se sente desconfortável com os principais interesses e o rumo dele.

Professores

- Varie o modo de ensinar e as lições. Suas zonas de conforto e paixões, assim como seus métodos de comunicação, podem não ser adequados para todos os meninos da classe.
- Incentive a tolerância e o respeito mútuo pelas diferenças, para que os alunos aprendam a não impor aos outros valores e escolhas.

54 Não leve o crédito pelo sucesso dele

Às vezes os pais investem tanto tempo e esforço ajudando o filho a alcançar o sucesso esperado que se convencem de que nunca o alcançariam sem eles. Podem ter passado horas treinando-o ou feito grandes sacrifícios para lhe pagar cursos especializados; podem ter imposto regimes de treinamento rígidos ou o apoiado quando algo deu errado, dessa forma restituindo-lhe a confiança por meio da tolerância. Isso permite aos pais assumirem particular ou publicamente a responsabilidade pelo sucesso, e a subestimarem a contribuição do filho. Recompensas ou incentivos podem ter o mesmo efeito, tornando a intervenção dos pais um fator crítico. Quando os pais subtraem um pouco do crédito, que é no que se resume isso, a criança pode se sentir vazia e usada apenas como um meio de aumentar a auto-estima deles.

Comentários como "Eu disse que você tinha um dom natural para isso, motivo pelo qual a matriculei no curso" ou "Parabéns por entrar para a equipe. Não está feliz agora por eu tê-lo feito seguir aquela dieta mais saudável?" claramente reivindicam um pouco do crédito.

Pais

- Passe seu possível papel nisso para seu filho: "Você se tornou muito mais organizado. Muito bem", "Valeu a pena você ter começado a cuidar de sua saúde", "Você realmente tirou vantagem da experiência extra que aquele curso lhe deu", "Você passou a se relacionar muito bem com os livros e provavelmente isso ajudou".
- Se o filho de seu amigo tiver se saído particularmente bem em algo, é melhor dizer "Ouvi falar que o Juan realmente se saiu bem; ele deve estar muito feliz" do que parabenizar o amigo e sentir inveja.

Professores

- Credite o sucesso à classe ou ao indivíduo, não a si mesmo. Se você ajudou isso, não é mais do que sua obrigação.
- "Eu só adubei – você plantou e colheu!"

55 Estou tão orgulhoso de você!

Quais das frases a seguir você provavelmente diria? "Estou realmente orgulho de você por ter conseguido isso"; "Espero que você se orgulhe de si mesmo – mereceu se sair bem depois de todo o esforço que fez"; "Você deve estar se sentindo realmente orgulhoso por ter conseguido isso"; "Eu me orgulho muito de você e de tê-lo como filho".

Quando conversei com um grupo de garotos de 15 anos de uma escola secundária, todos eles concordaram em que a frase que mais detestavam era "Estou tão orgulhoso de você!". Achavam difícil explicar por que isso os irritava tanto; mas o problema parecia relacionado com a frase ser "empolada", além de causar desconforto com o grande envolvimento emocional dos pais com o seu trabalho. Não queriam a responsabilidade de fazer os pais se orgulharem deles e certamente não se haviam esforçado para um determinado teste ou exame para que os pais se sentissem assim – esforçaram-se por si mesmos e suas próprias razões.

Nosso papel deve ser permitir ao nosso filho se orgulhar de si mesmo, independentemente de nossos sentimentos, porque ele sabe o que tentou conseguir e o quanto precisou se esforçar para isso.

Pais

- Mantenha os comentários o mais isentos possível de julgamentos. "Você provavelmente se sentiu orgulhoso quando ouviu isso" sugere que, se ele se sentiu assim, você entende por quê. Se não se sentiu, isso não importa.
- Até mesmo "Espero que você se sinta orgulhoso desse resultado" sugere que ele deve se sentir, ainda que não se sinta, porque sua opinião conta.
- O orgulho pode ser uma opinião exagerada: tenha o cuidado de não exagerar a conquista dele.
- Se você der muito valor a uma qualidade e seu filho preferir não carregar o peso de sua esperança, o orgulho pode preceder um declínio se ele decidir parar de tentar.

Professores

- Você pode se orgulhar da conquista de uma classe – de alguém ou de seu apoio profissional; mas seu orgulho é o que menos importa para o sucesso de um indivíduo.
- "Realmente fiquei impressionado com seu progresso", "Você tem todo o direito de sentir orgulho de sua conquista" ou "Estou muito feliz por você ter entendido as coisas e agora poder trabalhar mais de acordo com seu verdadeiro nível de capacidade!" São comentários mais apropriados para cada aluno.

56 Diga a verdade: sem sarcasmo ou ressalvas

Noventa e nove por cento. Nada mau! Mas por que você errou uma?

Quando os adultos relutam em fazer o elogio, freqüentemente o arrematam com algo desagradável – ofensivo ou sarcástico – que o diminui, tornando-o menos generoso do que poderia ser. Isso é bastante comum, e chama-se "elogio contaminador". Pode se tornar um estilo ou hábito, às vezes se reveste de humor e nem sempre é feito para magoar; mas geralmente magoa. A criança ainda tem de esperar pela aprovação total, que a deixará livre para seguir em frente.

Esse tipo de elogio pode ser desagradavelmente familiar. Exemplos incluem: "Este boletim está ótimo, mas por que você demorou tanto tempo para tomar jeito?", "Este modelo é realmente lindo – ninguém diria que você era tão desajeitado!", "Seu quarto parece muito mais arrumado agora; ótimo, mas não ficará assim por muito tempo – você verá!".

Pais

- Imagine o elogio como um biscoito; você daria um ao seu filho como recompensa e então, quando ele estendesse a mão para pegá-lo, recuaria, poria sal no biscoito e depois o daria para ele comer? Então por que você faria isso com um elogio?
- O sarcasmo é considerado a pior forma de gracejo.
- Se você acha que isso é uma brincadeira inofensiva, reflita sobre a essência do humor. Fazer piadas à custa dos outros – especialmente de crianças que não as vêem do mesmo modo – é o único modo de se divertir e fazer as pessoas rirem?

Professores

- O sarcasmo não é uma ferramenta eficaz nem profissional para os professores. Nunca deve ser usado, porque confunde e humilha.

57 A ausência endurece os corações das crianças

Meu filho de 2 anos ficou durante dois meses com a filha de um vizinho, quando eu trabalhei durante um breve tempo. Ela era ótima e inventava muitas atividades. Mas então foi embora para a universidade. Ela revelou charme e entusiasmo naturais em sua primeira visita de retorno, que meu filho adorou, mas depois disso cada vez que ia embora meu filho se tornava mais confuso, e finalmente se recusou a vê-la.

Para os adultos, como diz o provérbio, longe dos olhos, perto do coração. Esse não é o caso das crianças, que acham as ausências inesperadas ou longas decorrentes de viagens de trabalho ou hospitalização muito mais difíceis de entender e suportar porque precisam confiar nas pessoas para ter segurança. As crianças pequenas tendem particularmente a se sentir um pouco abandonadas, indesejadas ou erradas quando, por exemplo, começam a ir para a creche e não estão familiarizadas com isso. Em grande parte porque são egocêntricas, freqüentemente acreditam que a ausência é um castigo por uma ação ruim.

Às vezes encobrimos a culpa por nossa ausência com atenção extra, bajulando e recompensando demais a criança ao voltarmos. Isso pode consolá-la por algum tempo, mas depois confundi-la e perturbá-la, fazendo-a deixar de acreditar no elogio.

Pais

- Se você tiver de se afastar freqüentemente, crie rotinas e rituais claros e previsíveis que marquem suas partidas e chegadas, para que seu filho possa aprender a se preparar e confiar em seu amor apesar de sua ausência.
- Tente não ser efusivo demais ao voltar para casa, especialmente se esperar se ausentar de novo em breve ou estiver muito preocupado, o que pode dar no mesmo. Um abraço apertado calmo e íntimo pode ser mais eficaz do que gritos de alegria e muitos presentes.

Professores

- Se você tiver de se ausentar da classe em momentos imprevisíveis, não espere que seu generoso feedback tenha o mesmo efeito positivo quando voltar. É preciso algum tempo para reconquistar a confiança.
- Os meninos que se sentiram rejeitados e constantemente criticados ou manipulados por seus pais podem rejeitar qualquer forma de apreciação ou aprovação por parte de seus professores porque acham difícil aceitá-la como verdadeira.
- Para o aluno descrente, escolha apenas um atributo para comentar positivamente e mencione-a seis vezes por dia. Finalmente ele começará a se ver de outro modo e a aceitar que é digno de apreciação.

58 Acentue o positivo – mas observando o negativo

É bom acentuar o positivo, especialmente quando os meninos são novos e impetuosos, se metem em muitas enrascadas e às vezes não conseguem evitar ser desajeitados; mas quando eles ficam mais velhos o negativo deve ser cada vez mais notado, não ignorado. As crianças pequenas cometem muitos erros de julgamento ou a respeito de sua capacidade física, porque acham difícil pensar adiante e entender as regras, e ficam cansadas, rebeldes ou precisam de atenção. Devemos compreender e tolerar esses erros que não podem ser considerados "mau comportamento", e certamente não puni-los. Em um período da vida em que os erros e acidentes são muitos, o menino deve poder começar sua vida se sentindo positivo, capaz e confiante, não intimidado por críticas constantes e fracasso.

Mas, quando os meninos completam 6 ou 7 anos, conseguem pensar mais reflexivamente, e é importante que o negativo seja observado e mencionado, e o positivo, mantido real, na proporção tanto de sua prevalência quanto de uma conquista particular. A frase "acentuar o positivo" significa, basicamente, enfatizar o bom comportamento e torná-lo evidente, mas não ignorar o comportamento ultrajante ou chegar aos extremos do exagero quando o evento é modesto.

Pais

- "Adoro levar você às lojas mas dessa vez não foi divertido. Você não deve ficar o tempo todo pedindo para comer ou reclamando de que está perdendo seu programa de TV favorito. Geralmente você é uma ótima companhia, mas pensarei em ir sozinho se isso acontecer de novo."
- "Prefiro ouvir, 'Pelo menos você se esforçou muito, mesmo que o resultado não tenha sido tão bom' a 'Bom' quando isso é falso." (13)
- "Está claro que você se importa com o fato de ter chegado em quinto lugar hoje. Havia um motivo especial para querer se sair melhor?" é preferível a "Mas querido, você se saiu realmente bem, não fique tão aborrecido!"

Professores

- "'Está bom. Mas se você fizer dessa forma da próxima vez poderá achar mais fácil' é melhor do que uma reclamação direta, porque faz com que eu me sinta bem." (14)

59 Não o compare com os outros

Quando nossos filhos são bebês, é natural que procuremos semelhanças entre eles e nossos parceiros, irmãos ou outros parentes para que todos sintam imediatamente que o bebê é parte da família. Contudo, logo as comparações com os outros podem se tornar bem menos benéficas.

Comentários como "Seu irmão não sonharia em se comportar assim", "Por que você não pode ser um ótimo aluno como sua irmã?" ou "Dylan come tudo quando vem aqui – por que você é tão exigente?" podem ser perturbadores. Quem passou por isso diz que, longe de ser um estímulo à ação, envenenou-lhe a infância.

Até mesmo elogiar igualmente ou fazer comparações favoráveis pode ser prejudicial. Dizer "Jerry é o cérebro e Sam, o atleta da família" pode dar a cada criança algo de que se orgulhar, mas limita a possibilidade de uma explorar todo o seu talento na esfera especial da outra. E comparações com os pais como "Você puxou a mim" também podem ser perigosas. Você pode ter sido um músico principiante e tocado em concertos locais na mesma idade em que seu filho está tocando, mas deixe a conquista ser só dele e não algo herdado. Todo menino quer ser ele mesmo e não ser comparado com os outros.

Pais

- Cada criança reage de um modo individual a uma situação, porque é única. As comparações podem prejudicar o desenvolvimento e minar a autoconfiança de seu filho.
- Deixe claro que há espaço para mais de um matemático, poeta, pianista ou astro do futebol na família.
- Não compare seu filho com o modo como você era ou o que fez na idade dele. Seu filho é ele mesmo, não você, e provavelmente você glamourizou sua recordação!
- Os rótulos tornam as crianças ressentidas e podem tentá-las a fazer o oposto.

Professores

- Veja cada criança como um indivíduo, não no contexto de sua família. Nunca a compare com um irmão ou uma irmã para depreciar, forçar ou até mesmo elogiar o trabalho.
- A comparação mais útil e construtiva é com o melhor trabalho e desempenho da própria criança.
- Apóie especialmente a originalidade ou criatividade por meio da qual o aluno explora e expressa sua diferença.

60 Não o oprima com seu sucesso

As bolotas raramente germinam debaixo do grande carvalho.

Se quisermos que nossos filhos pouco a pouco reconheçam quando são bem-sucedidos e expressem sinceramente o prazer que isso lhes dá, em vez de esperar por nossas palavras de reconhecimento, poderemos lhes dar um exemplo descrevendo ocasiões em que a situação correu bem para nós. Mas os pais podem ir longe demais e oprimir os filhos com seu sucesso, enfatizando exageradamente seu valor. É importante que você deixe espaço para seu filho sentir que pequenos progressos são importantes, e não insinue que toda criança tem de se sobressair para se enquadrar – não ser desprezada ou rejeitada.

Quando o sucesso dos pais é ostentado, pode ser impossível de imitar. Embora muitos filhos sigam os passos dos pais e se sintam felizes com isso, outros tantos ficam desconcertados com a competição antecipada e intimidados com a expectativa de igualar a conquista dos pais. O melhor aferidor do equilíbrio nessa questão é quando sugerimos que somos melhores como pessoas e superiores em razão de nosso sucesso, o que é perigoso. Se, por outro lado, explicarmos o sucesso como o resultado de muito esforço, sorte e aproveitamento de oportunidades, tenderemos menos a provocar reações complexas, ressentimentos e medos.

Pais

- Lide com o próprio sucesso com sensibilidade. Transmita surpresa em vez de valor, atribuindo-o a seu julgamento, a seu trabalho duro e à sua boa sorte, não à sua genialidade.
- Todo grande sucesso seu será evidente; você não precisará se vangloriar.
- Não se esforce para se sobressair em tudo. Realizar uma tarefa suficientemente bem, e às vezes não fazê-la, é um exemplo mais saudável.
- Quando o pai e a mãe são bem-sucedidos em áreas diferentes, o menino pode achar mais difícil encontrar o próprio nicho. Por isso, valorize os pontos fortes de seu filho e não fique competindo com ele!

Professores

- Quando um menino enfrenta um problema de compreensão, você não o ajudará dizendo que isso é realmente muito simples e depois o explicando do mesmo modo e com a mesma rapidez.
- Pergunte se alguém na classe está disposto a descrever como o menino entendeu a tarefa ou o procedimento.
- Os meninos que não se saem tão bem quanto o esperado serão motivados pelos esforços bem-sucedidos de outros alunos comuns, não pelo sucesso do melhor aluno da classe.

Capítulo 8

Subornos, recompensas e incentivos

Sempre que pais de meninos se reúnem costumam falar sobre a preguiça e a desorganização dos filhos – em relação a tudo, mas principalmente a concluir projetos escolares ou o dever de casa no prazo estipulado. Os meninos parecem menos empolgados com o trabalho acadêmico do que as meninas, prefeririam estar jogando bola e em geral tendem a deixar tudo para o último minuto. Muitos parecem não dar a mínima importância à sua arrumação pessoal e mostram-se indiferentes ao estado de seus quartos. Nós podemos arrancar os cabelos de frustração e nos desesperar em nossa busca por oportunidades de mudar seu modo de agir – que inevitavelmente vemos como barreiras para que alcancem o sucesso.

A tática que muitos pais adotam para fazer seus filhos relutantes agirem é o suborno. É assim que a maioria das pessoas a chama, mas seria mais corretamente descrita como indução, na forma de incentivos e recompensas. O suborno é oferecido para induzir alguém a fazer algo ilegal ou errado, enquanto o que costumamos oferecer é um incentivo para induzir nossos filhos a fazerem algo legal e desejável – e geralmente no interesse deles próprios – que de outro modo não fariam. Talvez adotemos o termo "suborno" por sentirmos certa culpa em relação a isso e o considerarmos um último recurso que preferiríamos não ter de usar.

Os incentivos e as recompensas podem funcionar bem, mas também podem levar a problemas, ou se tornar mais diretamente um problema. Devem ser usados com bastante cuidado, principalmente com os meninos mais velhos. Táticas como quadros com estrelas e adesivos podem ajudar os meninos muito novos, animados, impacientes e com horizontes imediatistas a observar a representação visual de seu progresso, e os meninos impetuosos e impulsivos a controlar seus fortes desejos. Mas até mesmo as crianças de 5 anos podem se mostrar insolentes e questionar quantas estrelas seu comportamento mereceu. A verdade é que freqüentemente usamos incentivos para alcançar um determinado resultado que priorizamos. Quando usados em excesso, os meninos podem acabar entediados com o jogo, sentindo-se confusos com as recompensas ou insultados porque não acreditamos que são capazes de lidar por sua própria conta com os desafios, e questionar nossa crença neles.

Não há uma idade específica a partir da qual devem-se evitar recompensas e incentivos. É mais importante considerar a personalidade e a maturidade de cada criança, o problema em questão e como as recompensas foram usadas com sucesso no passado. Contudo, quanto mais nossos filhos se aproximam da universidade e da vida profissional, mais precisam acreditar em seus recursos interiores e contar com eles mesmos para se motivar.

61 Seja claro em relação ao objetivo

Não quero dinheiro para tocar trombeta. Se quisesse fazer isso com mais freqüencia, faria de qualquer maneira! (12)

Os incentivos vêm de várias maneiras, e enviam várias mensagens. Há o incentivo "dourar a pílula", que usamos para mostrar que sabemos que algo é difícil. Podemos dizer: "Sei que você pode desanimar porque isso é um grande desafio. Depois lhe darei algo para mostrar que aprecio o que fez."

Há o incentivo "enquadrar o alvo", que na verdade diz: "Não tenho certeza de que você fará isso sem ter algo em vista." Por exemplo, você pode oferecer R$ 500,00 a seu filho se ele chegar aos 16 anos sem fumar.

Também há o incentivo negativo ou ameaçador. Em vez de ser um prêmio, o incentivo é evitar uma punição direta ou não receber algo. Os pais podem dizer "Se você não melhorar as notas, não vou pagar suas aulas de direção como fiz para seu irmão", ou "Se você não parar de aborrecer sua irmã, tirarei todos os seus bonecos de super-heróis".

Pais

- Lembre-se de que os meninos não gostam de ser pressionados. Pense cuidadosamente se seus motivos para oferecer um incentivo são justificados ou se há uma abordagem alternativa mais adequada, como demonstrar interesse por um projeto e se oferecer para ouvir um relato de progresso diário.
- Pense na importância do alvo ou resultado em questão. Se marcar um momento decisivo ou estiver ligado a algo muito importante, podem existir mais motivos para incentivar seu filho a fazer o possível.
- Pergunte a seu filho se ele quer ou precisa de uma recompensa ou um incentivo. Agora ele pode ter idade suficiente para apreciar a importância desse momento, e querer enfrentar o desafio sem ajuda.

Professores

- Pense se o incentivo que você oferece ajudará o aluno a fazer o possível, ou se visa melhorar seus resultados gerais e sua posição pessoal.

62 As recompensas são mais eficazes como surpresas

Meu pai não me elogia com muita freqüência, por isso seu elogio realmente significa alguma coisa. Mas assim que elogia eu vejo a oportunidade de tirar algum dinheiro dele. Geralmente consigo! (15)

Uma recompensa pode ser combinada previamente como um incentivo, ou oferecida depois como uma surpresa que demonstra nossa apreciação. As recompensas mais úteis e agradáveis não são anunciadas antes, por dois motivos: não só isso evita uma negociação desagradável sobre se a recompensa sugerida é suficiente, como também reduz as chances de um menino ter intencionalmente um desempenho inferior para continuar a se beneficiar.

Minha avó, criada há mais de um século, costumava dizer a todos os seus netos: "Querer não é poder." Isso era uma típica homilia eduardiana para prevenir as crianças contra a cobiça. As surpresas são inesperadas, e portanto mais espontâneas e menos sujeitas a manipulação de ambas as partes.

Pais

- Mantenha a surpresa. Uma recompensa financeira arrancada de você depois não é uma surpresa – a não ser para você! O elogio é uma forma de recompensa. Geralmente rejeitamos a prática da dupla punição, então por que deveríamos aceitar a da dupla recompensa?
- Para manter a surpresa, não podemos recompensar com muita freqüência.
- As surpresas não têm de custar dinheiro. Mas, quanto mais brinquedos e objetos seu filho tiver, mais difícil será encontrar modos simples de agradá-lo. Exemplos poderiam incluir cozinhar juntos, deixá-lo usar algo seu que ele adora ou ficar acordado até mais tarde em um fim de semana.

Professores

- Fazer surpresas para determinado aluno poderia tornar um professor sujeito ao favoritismo. Contudo, atividades que os alunos apreciam, como um tempo extra no computador, desenhar no quadro ou ser enviado em pequenas missões durante a hora das aulas podem ser oferecidas como recompensas que surpreendem.

63 Estabeleça metas viáveis e pergunte se ele realmente pode cumpri-las

Os meninos gostam de trabalhar com adultos que confiam neles e lhes pedem para se esforçar porque isso os leva a fazer o possível e progredir. Ser bem-sucedido quando o desafio é fácil não estimula nem gratifica. Mas os desafios devem ser lançados para incentivar as crianças a se desenvolverem, não para desconcertá-las por serem muito difíceis e parecerem ameaçadores. Uma meta alta demais é tão inútil quanto uma baixa demais.

Sabemos que uma meta ou expectativa é realista quando o menino envolvido concorda em que é atingível. Se a opinião do menino é mais pessimista do que a nossa, ele pode rejeitar o objetivo e a recompensa antes mesmo de começar: nunca devemos destinar nossos filhos ao fracasso. Se os objetivos sempre lhe parecerem pouco realistas, a recompensa nunca será obtida, o que poderia levar a uma criança desiludida e insegura que se recusa a se engajar, ou a uma discussão acalorada sobre o quanto ela chegou perto do objetivo e que outro reconhecimento poderia merecer devido ao avanço que fez.

Pais

- Pergunte a seu filho o que ele acha que pode fazer.
- Ajude-o a traçar planos claros para atingir sua meta.
- Se ele desejar uma meta mais fácil, estabeleça-a. A autoconfiança é muito importante para um esforço a longo prazo, e deve ser mantida.
- Os meninos tendem a superestimar sua capacidade, e em geral não têm metas baixas porque isso torna mais fácil alcançá-las. Se seu filho for pessimista, isso poderá significar uma autoconfiança frágil.
- Incentive seu filho a ter objetivos de curto e longo prazos.

Professores

- Certifique-se de que o objetivo, o prazo e as expectativas sejam claros.
- Ajude os meninos a avaliar se as condições foram cumpridas e a enfrentar as conseqüências caso não tenham sido.
- Se você detectar baixa autoconfiança, sugira que seu aluno prepare um plano de estudo detalhado – não diga que ele não conseguirá.
- Não mude constantemente o objetivo. Pergunte se ele está pronto para o próximo desafio ou se precisa de um pouco de tempo para que tudo se ajeite.

64 Recompense-o com sua presença, não com presentes

Vovó sempre traz presentinhos para nós, mas eu ainda prefiro o vovô porque ele conversa conosco e é mais bondoso e gentil. (7)

Tipicamente usamos as recompensas para indicar que apreciamos o que nosso filho fez, e para incentivá-lo. Outro bom motivo para usá-las, desde que com cuidado, é porque dão às crianças pequenos empurrões na jornada de outro modo interminável do crescimento e aprendizado.

As crianças parecem naturalmente materialistas. Aprendem depressa o preço das coisas e observam com atenção se um irmão, ou especialmente um meio-irmão, ganha presentes melhores do que elas. Mas também reconhecem instintivamente a falsidade ou os gestos superficiais, como indica a citação anterior. Sabem o quanto é fácil para alguns pais – embora não para todos – comprar coisas. O melhor modo de mostrarmos que realmente apreciamos os esforços de nossos filhos é pôr um pouco de esforço em nosso gesto, o que significa partilhar nosso recurso mais escasso: o tempo. Nosso tempo com nossos filhos realmente os incentiva, demonstra genuína apreciação, consideração e aprovação e tem um valor infinito, não específico.

Pais

- Dependendo da idade de seu filho, observe-o fazendo algo de que gosta, acompanhe-o em uma refeição, converse com ele enquanto adormece, dê-lhe uma carona para a casa de um amigo ou jogue algum jogo com ele.
- Um tempo tranqüilo com seu filho pode ser tão importante quanto um tempo cheio de atividades. Desligue o telefone!
- Dedique mais tempo ao seu filho se recentemente houve problemas ou dificuldades familiares, porque ele pode estar perturbado e é quase certo que precise mais de você.
- Se você não mora com seu filho, depois de ele ter alcançado um grande sucesso, faça um esforço especial para cumprir uma promessa de visitá-lo ou de saírem juntos.

Professores

- Encontre um tempo para ter uma conversa especial e tranqüila que detalhe a conquista dele e lhe mostre que você está interessado e o valoriza como pessoa.
- Dê um toque pessoal relacionando o trabalho atual com algo que ele escreveu anteriormente.
- Saliente o que esse bom trabalho significa para as possibilidades futuras e o potencial dele.

65 Deixe-o ajudar a escolher o agrado ou incentivo

Isso diminuirá a possibilidade de o menino considerar o incentivo uma tentativa sub-reptícia de controlá-lo, porque será uma celebração nos termos dele.

Se escolhermos o agrado, teremos de adivinhar o que ele gostaria, e poderemos errar – ignorando algo óbvio ou uma paixão ainda não revelada. Se o menino ajudar a escolhê-lo, isso não impedirá que seja uma grata surpresa. Depois de um bom resultado, podemos dizer que ele merece um agrado e que pode ajudar a escolhê-lo, sem esquecer de lhe dar uma orientação quanto ao custo ou evento.

Ao receber o agrado, ele pode se sentir como um rei, tendo uma influência especial e atenção durante um breve tempo, como em um aniversário, o que contrastará muito com seu regime escolar diário, em que ele tem de seguir cursos predeterminados de ação, ser mais um na multidão e às vezes ficar à sombra de colegas.

Pais

- A escolha do agrado variará de acordo com a idade de seu filho. Pode ser um pequeno brinquedo, alguns doces ou uma história extra na hora de dormir, algo relacionado com a paixão pessoal ou o hobby dele, escolher o destino de uma saída especial ou um DVD para assistir com você ou toda a família no fim de semana, ou, ainda, a escolha do cardápio em uma comemoração em casa ou em um restaurante.

Professores

- Há menos opções em uma sala de aula, mas mesmo assim você deve oferecê-las, em vez de determinar qual será o agrado.

66 O dinheiro fala... e retruca, por isso tome cuidado ao usá-lo!

Freqüentemente as crianças discutem sobre o tamanho da recompensa que merecem e insistem em que merecem mais. O que deveria ser um gesto de generosidade pode se transformar em uma luta de argúcia e poder. "Eu farei isso se você me der R$ 50,00, não menos de R$ 25,00" é um clamor comum em famílias nas quais o dinheiro fala alto e é usado para garantir que a vontade dos pais prevalecerá. Até mesmo as crianças pequenas podem discutir sobre o pagamento apropriado, por exemplo, por se comportarem bem no dentista.

Negociar cada centavo é um modo óbvio de assumir o controle em uma situação em que o menino percebe a manipulação financeira. E se o dinheiro for sempre valorizado como recompensa, também poderá se tornar algo que ele desejará muito – e tirará – caso se sinta ignorado e ressentido.

Os adolescentes podem ser especialmente propensos a arrancar dinheiro das mães. Se eles associarem masculinidade a poder, e poder a dinheiro, como muitos meninos fazem, desejarão mais vencer as mães no jogo do dinheiro do que os pais, que também o jogam.

Pais

- Se você ouvir, "Todos os meus amigos ganharam R$ 500,00 por se saírem bem", não os dê automaticamente para ele. A verdadeira recompensa de seu filho é descobrir mais tarde que as melhores recompensas da vida raramente são financeiras.
- Falta de dinheiro pode ser uma boa desculpa temporária. Mas quando surgir algum ele estará lá, com a mão estendida.
- Podemos dar algo livremente, mas quem o recebe com freqüência pergunta por quê.
- Quando o dinheiro fala, sugere que: gastar é melhor; o dinheiro compra influência; o dinheiro importa mais do que o tempo.
- Quando retruca, uma criança pode dizer: "O que vem fácil vai fácil. Isso não me interessa e não estou muito a fim de fazer. Não quero saber de dinheiro nem de você!"

Professores

- Peça aos alunos que dêem suas opiniões sobre o valor do dinheiro como recompensa no tempo de discussão em classe.
- Saliente que, quanto mais dinheiro as crianças recebem como recompensa, menos precisam dele: se a soma não aumentar, o incentivo será progressivamente desvalorizado.
- Reflita sobre o quanto você valoriza seu trabalho por causa – ou apesar – do salário.

67 Não deixe o dinheiro se tornar a moeda corrente emocional da família

Minha mãe e eu tivemos uma grande briga ontem. Ela se sentiu tão culpada que saiu comigo hoje e me comprou um monte de jogos de computador. (17)

Nenhum menino deveria achar que, quanto maior o presente ou a quantia que recebe, mais é amado. O amor não pode nem deve ser medido por etiquetas de preço. O quanto você ama uma criança nunca deve estar relacionado a quanto dinheiro está disposto a gastar com ela. Quando o esforço, o compromisso e o amor são muito igualados ao dinheiro e a presentes caros, as crianças podem pedir presentes cada vez maiores como prova de amor e fazer chantagem emocional para ganhá-los.

Isso ocorre quando os presentes são usados para preencher vazios emocionais ou compensar a falta de tempo nos relacionamentos – comprados como um modo de se desculpar ou diminuir a culpa. É claro que todos os pais gostam de trazer pequenos presentes quando voltam de viagens, mas, se isso deixar de ser uma surpresa e se tornar uma expectativa e um meio de obter resultados desejados, terão de avaliar a situação. Qualquer queixa seguindo as linhas de que algo mais era esperado porque a viagem foi longa nos mostrará que é hora de refletirmos sobre como compensamos o tempo que nosso filho não passa conosco.

Pais

- Quando as recompensas financeiras se tornam moeda corrente emocional, as crianças podem pensar: "Prove que você está satisfeito me dando mais", ou "Seja como for, eu já fiz isso, mas farei você se sentir um pouco culpado para ver o que acontece!"
- Defenda-se! Não deixe seu filho explorar seu amor e o faça saber, por meio das pequenas coisas que você faz e diz, que o ama sem que precise provar isso com presentes.
- Se você se sente culpado pelas ausências freqüentes, converse diretamente com seu filho sobre o quanto você fica triste com essas ausências e lhe telefone o mais regularmente possível na hora combinada para que ele saiba que é "tido em mente". Então os presentes serão bem menos necessários.

Professores

- Quando os meninos estão acostumados com relacionamentos em casa que são condicionais e baseados na troca, podem tentar usar a mesma tática com você. Entenda de onde isso poderia vir e se mantenha tranqüilo e firme, em vez de ficar zangado.
- Lembre-se da teoria: o segredo do esforço constante é garantir que a motivação será autogerada, não criada por outra pessoa usando culpa ou pressão indevida.

68 Concentre-se nas recompensas interiores, não nas exteriores

Quando a motivação se baseia em culpa ou pressão extrínseca, há menos autodeterminação. (Howard Hall, professor de esporte e exercício, De Montfort University.)

A teoria psicológica distingue as recompensas "intrínsecas" das "extrínsecas". As extrínsecas são as que existem fora da criança, como por exemplo dinheiro, brinquedos, roupas novas ou talvez um animal de estimação. O *Concise Oxford Ditionary* define extrínseco como "não-pertencente a, não-essencial."

As recompensas interiores, ou intrínsecas, nos pertencem naturalmente. Estão dentro de cada um de nós na forma de pensamentos e experiências que podem ser consideradas essenciais. Exemplos de recompensas interiores incluem o orgulho e o prazer; uma curiosidade satisfeita ou consciência de mestria e capacidade; ou sentir-se apto, saudável e ágil. Geralmente as recompensas visam oferecer incentivo e aumentar a motivação, mas sabemos que a motivação mais eficaz é a automotivação. Todos nós temos de aprender a fazer as coisas porque queremos, devido à satisfação pessoal que o esforço costuma proporcionar, ao progresso e à realização. Os meninos precisam aprender a reconhecer e valorizar esses sentimentos, e a considerá-los uma recompensa suficiente.

Pais

- Quando algo der certo, pergunte ao seu filho o que ele sente para que aprenda a "interpretar" e reconhecer os benefícios interiores de se esforçar e desempenhar à altura de sua capacidade.
- As recompensas exteriores dependem dos outros e perdem a importância quando se tornam previsíveis e finalmente meros sinais de sucesso. Para continuarem a ser incentivos eficazes, têm de aumentar.
- Em contraste, as recompensas interiores dependem apenas de cada pessoa. Se o prazer do sucesso diminuir, seu filho poderá simplesmente elevar a meta.

Professores

- Tente garantir que cada menino entenderá e se sentirá confortável com a nota dada ou o comentário feito – e que tenha aprendido alguma coisa.
- Certifique-se de que o benefício será se sair bem, não apenas receber o prêmio ou os pontos extras. Quanto mais velhos os meninos, mais tendem a se envolver em jogos de manipulação de recompensas, e a se viciar neles.

69 Se as recompensas tiverem um efeito indesejado, não as ofereça

As recompensas podem ter um efeito indesejado por vários motivos. O menino pode se recusar a aceitá-las, entrar em uma discussão interminável sobre sua natureza ou parar perto de alcançar o objetivo combinado e ainda assim exigir a recompensa. Se uma tática não estiver funcionando mais ou se tornar desagradável, como devemos reagir?

A primeira providência a tomar é parar totalmente de usar a recompensa, em vez de tentar descobrir outra que possa funcionar melhor. A próxima é refletir sobre por que essa estratégia se tornou problemática. Talvez o menino queira mostrar que não precisa dela. Pode estar se rebelando contra ser tratado como um fantoche e querer mais autonomia e controle em sua vida. É possível que por algum motivo sua autoconfiança tenha diminuído e ele agora tema fracassar e por isso tenha parado de se esforçar. Também é possível que tenha se tornado muito orgulhoso de si mesmo e esteja apenas testando você.

Um menino fará o melhor que puder quando a atmosfera a seu redor for emocionalmente tranqüila e ele se sentir estimulado por uma sensação de crescimento pessoal, autodescoberta e autonomia. Ele não tende a se sentir no comando e livre quando é empurrado ou pressionado por metas ou expectativas de outras pessoas.

Pais

- Indique que você está feliz em abandonar o uso de recompensas porque prefere usar a confiança.
- Diga claramente que você acredita que ele é capaz de agir e agirá em benefício próprio e no de seu futuro.
- Se for preciso, lembre-o de um acordo e reafirme que presume que será cumprido.
- Quando ele tiver cerca de 10 anos, convide-o a resumir os argumentos a favor do trabalho e do esforço árduo e o lado negativo de se descuidar das coisas.
- Ele se esforçará quando souber que pode opinar e ser respeitado.

Professores

- O sistema de recompensas tem de ser coerente em toda escola. Se parecer não funcionar com determinado aluno, tente descobrir a possível explicação. Considere a experiência de colegas e pense em abordagens flexíveis que possam se mostrar mais eficazes, como facilitar determinadas tarefas (por exemplo, menos ortografia para aprender), um lugar tranqüilo para fazer o dever de casa na escola com você ou um colega presente para ajudá-lo a se concentrar.
- É tendo responsabilidades que a criança aprende sobre si mesma. Torne-a o máximo possível responsável pelo próprio aprendizado, sua avaliação e suas tarefas na sala de aula.

70 Canalize seguramente a competição

Geralmente os meninos têm um instinto competitivo mais forte. Gostam de estar no comando quando vêem uma chance nesse sentido. Ficam atentos aos possíveis oponentes e freqüentemente trabalham em segredo para derrotar quem é uma ameaça particular a seu último triunfo esperado, seja em jogos infantis com castanhas-da-índia ou no rinque de patinação, mesmo quando o oponente é o melhor amigo. Seu instinto competitivo seduz porque pode produzir resultados excelentes a curto prazo.

As pesquisas mostram que, quando pais ou professores criam competições para elevar o desempenho, o resultado, freqüentemente, é uma criança ansiosa. Se a criança achar que o status e a aprovação dependem do resultado de um teste, tenderá mais a ter nervosismo e pânico debilitante antes ou a se sentir deprimida depois do teste se ficar desapontada com o resultado. Também pode achar que seu sucesso ou conhecimento é superficial e se sentir desconfortável em relação a levá-lo a sério. Os adultos podem canalizar mais seguramente e melhor o instinto competitivo do menino se o incentivarem a competir consigo mesmo, tentando melhorar seu último esforço. Quando o objetivo é vencer os outros, o resultado é muito mais incerto, porque os oponentes também se esforçarão muito para melhorar.

Pais

- É melhor identificar um objetivo específico – "Tente melhorar seu trabalho de laboratório de química" – do que geral: "Tente conseguir um A dessa vez."
- Não incentive a competição entre irmãos e irmãs. Cada criança precisa ser bem-sucedida a seu próprio modo, e aceita incondicionalmente como é.
- Não há nada de errado com as competições por diversão. "Veja se você consegue chegar antes de mim no alto da escada" é um ótimo modo de fazer seu filho ir para a cama.

Professores

- As pesquisas mostram que, quando a competição é a principal ferramenta de ensino, as crianças se tornam ansiosas.
- Incentive as crianças a agir para melhorar, não para impressionar, e lhes dê feedback para que possam ver o progresso feito.
- O uso de jogos cooperativos em vez de competitivos mostra como pode ser divertido apenas participar e exercitar a inteligência.

Capítulo 9

Use o elogio para incentivar o aprendizado e o comportamento

Não seria surpreendente se muitos leitores lessem este capítulo primeiro. As pessoas costumam buscar orientação quando acham que a situação está fugindo ao controle. Dois grandes problemas para os pais são o desempenho escolar e o comportamento. Elogios, incentivo e feedback positivo são especialmente valiosos e eficazes nessas duas áreas, e tendem muito mais a produzir crianças mais felizes e autodirigidas do que punições, duras críticas ou humilhação. Essas também são áreas em que os pais podem encontrar dificuldades, apesar de usarem uma série de estímulos "positivos" aparentemente recomendados sem que de fato saibam por quê. É por esse motivo que o aprendizado e o comportamento são abordados neste ponto do livro – porque é importante entender os princípios gerais do elogio eficaz e algumas das armadilhas do elogio exagerado antes de buscar respostas para um problema imediato. É importante não ter dúvidas sobre como obter o melhor das crianças, principalmente quando elas tentam respirar o ar fresco da liberdade.

Mas, primeiro, umas poucas palavras sobre a disciplina e o aprendizado. Quanto melhor forem compreendidos, mais fácil será manter a atenção e o feedback positivos e construtivos.

O aprendizado é uma atividade emocional e um processo muito complexo. Envolve bem mais do que uma criança abrir a mente e receber o conhecimento apresentado pelo professor, porque seu estado mental – como ela sente e interpreta o mundo ao seu redor – inevitavelmente influencia sua vontade e capacidade de assimilar a informação. Quando as crianças têm problemas na escola, quase sempre há explicações bastante complexas. Fatos difíceis da vida, inclusive intimidação, podem angustiar, distrair e preocupar as crianças, tornando-as incapazes de se concentrar. Esses mesmos fatos podem ameaçar sua crença em si mesmas porque produzem incerteza e incapacidade, tornando-as menos dispostas a correr os riscos que o aprendizado envolve. O pânico paralisa a mente e, se esperamos que a informação seja muito difícil de entender, isso pode nos confundir. O aprendizado e o esforço podem causar uma série de medos: medo de incompetência, fracasso, reprimenda e ridículo. As crianças são agentes do próprio aprendizado. Em vez de ser forçada a assimilar informações e depois receber o "presente" ou a recompensa de feedback positivo (a opinião de muitas pessoas sobre como melhorar os resultados), é melhor que o menino tenha liberdade para decidir como aprender melhor, quando estará pronto para se esforçar mais ou se precisará de incentivos ou sinais de apreciação.

A disciplina também deve promover o autodomínio e a autodisciplina. Os meninos não devem ter exigências de adultos regulando todo o seu tempo. Desde cedo estabelecemos diretrizes para mantê-los seguros e criar a calma e a previsibilidade que lhes permitirão se sentir confiantes. Mas, à medida que os meninos forem crescendo, devem ser incentivados a julgar situações por si mesmos e a refletir sobre as razões e conseqüências de um comportamento desapontador – o sofrimento ou mal causado à propriedade ou às pessoas. Finalmente, eles devem desenvolver os próprios valores e administrar os próprios padrões de estudo e comportamento. Os pais e outras pessoas incentivarão isso se recompensarem a reflexão e a responsabilidade, e tratarem a aquiescência mais como uma expectativa.

71 O sucesso é sempre relativo

Eu me senti muito mais realizado quando, aos 14 anos, fiquei em 73º lugar no campeonato nacional escolar do que quando cheguei em 6º lugar nos 10.000m durante a Olimpíada de 1972, quando esperavam que eu ganhasse. Isso foi um desastre para mim. Mas tentei me apegar à idéia positiva de que era o 6º melhor do mundo. (David Bedford, antigo recordista mundial dos 10.000 metros e agora diretor de corrida da Maratona de Londres.)

É importante notar que um passo para a frente pequeno e comum para um menino pode ser um sinal importante de progresso para outro, e um resultado bom para quem precisa se esforçar muito para se sair bem pode ser desapontador para quem enfrenta facilmente os desafios e é capaz de se sair melhor. Não deve ser negado a nenhum menino o prazer dos pais apenas porque alguém com mais talento do que ele ocultou seu esforço pessoal.

Na escola, os meninos são vistos como alunos, julgados e diferenciados por suas habilidades acadêmicas. Em casa, devemos ver nossos filhos por inteiro e como multitalentosos; sempre demonstrar um sentimento de esperança e ajudá-los a desenvolver o respeito por si próprios necessário para uma auto-imagem positiva mesmo se a excelência acadêmica não for o ponto forte deles.

Pais

- Cada menino aprende e se desenvolve de um modo diferente, e em um tempo diferente. "Ele tem desenvolvimento lento" pode ser algo verdadeiro, em vez de uma resposta conveniente e constrangida para amigos ou parentes céticos.
- Lembre-se de que experiências estressantes podem atrasar o aprendizado; e todos precisam de um tempo para progredir.
- Pergunte ao seu filho se ele ficou satisfeito. Se ele disser que sim e não estiver fingindo, isso já é bastante bom.
- Se os amigos de seu filho aparentemente estiverem se saindo melhor do que ele, evite se sentir competitivo. Seu filho é digno de amor do jeito que é.

Professores

- Considere cada trabalho bom ou menos bom para cada aluno *neste momento*, não em relação ao que em última análise você espera.
- O elogio a toda a classe é bom de vez em quando, para que todos possam se beneficiar com ele.

72 Combine o aplauso com a conquista

Muito bem, Danny! Adoro quando você se senta quieto à mesa! Vamos todos aplaudir!

"Diga isso com entusiasmo" é um mantra adotado por muitos gurus da paternidade e administração, e portanto por pais. É claro que sem dúvida é melhor parecer contente do que descrever o contentamento com um rosto inexpressivo e uma voz desanimada; contudo, o fervor demonstrado por muitos pode ir longe demais na outra direção e não só parecer falso como criar muita tensão em torno da exigência de continuar a merecê-lo.

Se elogio tem a ver com apreciação, e apreciação envolve estimar o valor de algo, precisamos combinar o aplauso com a conquista.

Pais

- Incentivar inclui esperar tranqüila e pacientemente uma criança descobrir como fazer algo. Isso demonstra fé em que ela conseguirá fazê-lo.
- Dizer que algo está ótimo antes de ser levado a cabo pode indicar pressão para que seja feito direito. Contudo, demonstrar apreciação pelo esforço realizado até agora indica que é suficientemente bom.
- As crianças sentem orgulho e prazer não quando recebem feedback falso sobre seu talento, mas quando sabem que se esforçaram muito e têm algo significativo para provar.

Professores

- Pergunte a um aluno como ele gostaria que um bom trabalho fosse reconhecido, acrescentando seu comentário por escrito.
- Acumule pequenas conquistas para justificar uma demonstração maior de reconhecimento. Três em uma semana ou um período letivo poderiam merecer recompensas diferentes.
- Para os meninos mais novos, uma semana ou até mesmo um dia é tempo suficiente. Para os mais velhos, esse tempo pode ser maior.

73 Elogie também as qualidades da amizade e dedicação

Um relatório da Unesco, *International Commission on Education for the Twenty-first Century*, publicado em 1996, identificou quatro tipos de aprendizado: aprender a saber; aprender a conviver; aprender a ser; e aprender a fazer.

É o que os meninos sabem ou, mais exatamente, parecem não saber que preocupa mais os pais. Contudo, as qualidades da amizade e dedicação também são importantes. Se os meninos puderem trabalhar em colaboração com amigos, obterão muitos insights e ampliarão sua percepção reunindo idéias e abordagens.

Os meninos parecem ter instintos competitivos mais aguçados, e freqüentemente preferem trabalhar sozinhos a trabalhar com colegas de classe para se destacar um pouco. Contudo, no mundo profissional adulto o trabalho em equipe é muito valorizado, por isso os meninos precisam aprender a vencer sua relutância. Em uma época em que é importante para seu senso de masculinidade ser bem-sucedidos e oniscientes, podem se sentir mais expostos no trabalho em grupo porque os outros perceberão se eles não entenderem alguma coisa ou não tiverem sugestões a dar.

Pais

- Ter oportunidades de trabalhar com amigos, mesmo se eles às vezes fofocarem e parecerem "reprováveis", pode favorecer o aprendizado, melhorando as habilidades de linguagem, sociais e de comunicação.
- O aprendizado é inevitavelmente uma atividade social. Nunca acontece em um vácuo. Sempre envolve ouvir, interagir com um professor, ser sensível a expectativas de colegas e professores e conceitos "pessoais" freqüentemente tornados claros com referência aos outros. A confiança social pode gerar mais confiança no trabalho.

Professores

- Se você der prêmios à classe, não se esqueça de levar em conta o humor ou outros atributos sociais.
- Tente incentivar os meninos a se sentir confortáveis em projetos realizados em grupo.
- O "pensamento grupal" é maior do que a soma de suas partes. Demonstre por meio de um exercício que as idéias podem se aprofundar e fortalecer quando as pessoas trabalham juntas.

74 Deixe o professor ensinar

Meu filho de 7 anos gostava de escrever em casa, criar histórias longas e bem pontuadas. Quando trazia trabalho escolar para casa, eu ficava chocado com o contraste, e com o pouco cuidado que ele tivera. Em vez de repreendê-lo e apontar seus erros, procurei o professor para discutir por que meu filho poderia estar tendo um desempenho tão diferente na escola.

Quando as crianças pequenas se orgulham de algo que fizeram, é claro que querem mostrá-lo para nós. Em vez de minar-lhes a confiança com comentários críticos, devemos apreciar seu trabalho e aceitar que estão satisfeitas com ele. Se virmos algo errado ou que acharmos que poderia ter sido feito melhor – o que é quase certo que acharemos, sendo adultos –, teremos de pensar cuidadosamente sobre como ou se devemos dizer alguma coisa. Basicamente cabe ao professor – que sabe qual é o padrão esperado para a idade de nosso filho – ensinar.

Se nosso filho nos pedir para conferirmos um trabalho, poderemos ser mais francos, porém sempre fazendo primeiro um comentário positivo sobre algo de que gostamos no trabalho, e verificando se ele está pronto para ouvir sugestões de mudanças. Algumas crianças ficarão felizes em refazer o trabalho; outras decidirão deixá-lo como está. A escolha é delas.

Pais

- Se você for crítico demais, seu filho não o deixará se aproximar para ajudá-lo.
- Evite mudar alguma coisa ou acrescentar toques finais porque seu filho não mais o verá como o trabalho dele.
- Somente o professor pode saber o que esperar de um menino de determinada idade, o que está realmente sendo testado no dever de casa ou o que é melhor para ele aprender depois.
- Se houver uma grande diferença entre o que seu filho produz em casa e em classe, consulte – em vez de censurar – o professor. O problema pode ser um amigo conversador, tédio, colegas de classe que o atrapalham ou ele se sentir diferente se fizer o melhor que puder.

Professores

- Pais que se queixam são pais que se importam. Tenha paciência com eles e tente não levar as reclamações para o lado pessoal.
- Orientar os pais desde o início do ano letivo sobre a ajuda no dever de casa pode evitar problemas.

75 Todo dia não pode ser de julgamento

Não gosto de punir um aluno em minha classe. Quando alguém está se saindo mal e ficando para trás, eu lido com isso dando-lhe atenção pessoal. Não há nada como um atendimento individual para ajudar a acabar com dificuldades e fazer um aluno se sentir valorizado e esperançoso. Mas faço isso discretamente e não anuncio para a classe que foi o que achei necessário.

Se todo dia nosso chefe nos observasse e desse notas de 1 a 10, acabaríamos ficando com raiva e neuróticos. É assim que as crianças se sentem quando se deparam com expressões constantes de prazer e desaprovação. Elas acham difícil encontrar o importante e necessário espaço privado quando são constantemente observadas. Um adolescente me disse que era a desaprovação da mãe alternada com gritos de satisfação de acordo com os eventos de cada dia que o havia levado a calar a boca quando ela lhe perguntava o que tinha acontecido na escola.

Pais

- O incentivo não contém julgamento, deixando seu filho livre para seguir em frente à própria maneira.
- Faça comentários positivos para ajudar seu filho a sentir que você está apreciando em vez de julgando:
  - Você se esforçou tanto para isso!
  - Eu gostaria de ter feito coisas interessantes assim na escola.
  - Isso é difícil, mas você conseguirá.
- Acabe com toda culpa ou vergonha que ele possa sentir se antecipar o julgamento: "Isso não teve nada a ver com você. Vamos deixá-lo para trás e recomeçar amanhã."

Professores

- Torne divertido ganhar adesivos de "bom trabalho".

76 Demonstre interesse sem ser intrusivo

Uma mãe que ocupava um cargo de muito poder em seu emprego disse que não iria à reunião de pais e professores na escola do filho porque achava que cabia aos professores ensinar direito. Ela não estava interessada em ouvir o que era possível fazer – era para isso que lhes pagava.

Como ela estava errada! É claro que devemos nos interessar pelo progresso e pela felicidade de nossos filhos em todas as áreas do desenvolvimento escolar. Para todas as crianças, a escola é quase tão importante quanto a família; para as mais velhas, provavelmente mais.

Contudo, enfrentamos um dilema. A partir dos 8 anos, as crianças apreciam a escola como um lugar em que podem ficar longe dos olhares atentos dos pais. Elas precisam de um pouco de privacidade. Sua necessidade de receber elogios nossos, pouco a pouco, é compensada por sua necessidade de autonomia. Quando os meninos desejarem nossa apreciação, eles nos contarão tudo que precisamos saber.

Pais

- Faça perguntas que permitam ao seu filho omitir detalhes. "Aconteceu alguma coisa boa ou ruim hoje?", não "Com quem você brincou e o que aconteceu?" E comece falando sobre seu dia.
- Pergunte casualmente sobre as notas tiradas. "Como você se saiu naquele dever de matemática difícil?", em vez de "Será que vou gostar da nota que você tirou?"
- Se você ouvir por acaso uma conversa sobre alguma dificuldade, ofereça-se para discuti-la, mas não exija detalhes.
- Faça perguntas verdadeiras, que não visem descobrir outra coisa.
- Interesse-se pelo trabalho de seu filho, mas não o faça para ele.

Professores

- Demonstre interesse pelas paixões pessoais ou pelos *hobbies* do menino, mas não insista se ele parecer pouco à vontade em falar sobre isso.
- As experiências familiares do menino o influenciam muito. É importante que você as conheça e entenda, mas também que trate tudo que souber com respeito, porque muitas crianças preferem que essas informações permaneçam em caráter privado.
- Em reuniões de pais e professores, assim como em circulares, saliente o papel importante que os pais podem ter incentivando o trabalho escolar e se interessando pelos progressos na escola.

77 Dê-lhe esperança

Progredir é tão importante quanto chegar e, ao longo do caminho, sempre deve haver esperança. A maioria dos meninos desiste porque lhes foi dito repetidamente que eram um caso perdido ou porque, por vários motivos, duvidam de sua capacidade de ser bem-sucedidos. A mensagem que muitos ouvem é desmoralizadora e destrutiva: "Você não conseguirá fazer isso se não..."; "Você nunca conseguirá fazer isso se continuar a..."; ou "Você é um perdedor inato, nunca teve nenhum sucesso com..." Em vez de se arriscar mais ao fracasso e ter seu ego ainda mais ferido, muitos decidem não tentar. Os rótulos tendem a pegar e agir como camisas-de-força, tornando difícil para o menino escapar do destino descrito.

Os meninos precisam ouvir muito mais mensagens de otimismo e esperança, que não só aumentem sua fé em si mesmos, como façam qualquer meta parecer atingível e fácil de manter. Diga, por exemplo: "É claro que isso é difícil, mas é só dar um passo de cada vez e você não terá problemas"; "Você conseguiu ficar por perto e não fugir da seção de vegetais a caminho da de carnes. Agora falta pouco para o teste final. Você achou que seria assim tão fácil? Eu sabia que ia conseguir!"

Pais

- Lembre-o de sucessos passados para que ele pense positivamente e acredite em si mesmo.
- Se o sucesso parecer estranho, assustador ou envolver muita responsabilidade de manter o mesmo estilo, pode ser mais fácil para o menino continuar como está.
- Se seu filho estabelecer um objetivo para si mesmo que não conseguiu atingir antes, não o lembre do fracasso passado. Trate cada resolução como se fosse a primeira e permaneça positivo.
- A motivação se baseia na esperança e na experiência.

Professores

- O sarcasmo e o ridículo geralmente acabam com a esperança. Não os use.
- Certifique-se de que a esperança do menino se baseia em uma realidade prática – ajude-o a traçar um plano.
- Divida o desafio em partes pequenas e administráveis, e lembre-o das dificuldades que já superou.

78 Os meninos gostam de se conter um pouco

Os meninos gostam de se conter um pouco, por isso seu trabalho raramente é perfeito. Eles gostam de seguir os caminhos mais curtos, preferem responder às questões de ciências com frases incompletas e não se preocupam muito com o capricho. Estamos acostumados com isso. Quando entendem claramente o trabalho, não gosto de exigir muito mais deles.

Essas palavras foram ditas por um experiente professor de ciências de ensino médio. Independentemente do fato de isso estar ou não relacionado com orgulho masculino ou uma sensibilidade extra dos meninos às disputas por poder com os pais, eles parecem achar que dão demais de si quando fazem tudo exatamente como os adultos pedem. No que diz respeito a cuidar de seus quartos, seu comportamento em casa ou seu dever de casa, os meninos tendem a se convencer de que ainda detêm o controle, de que não venderam suas almas. Freqüentemente o máximo que você conseguirá é que eles façam quase tudo, ou quase tudo certo.

Em vez de forçar o menino a fazer as coisas do modo como você quer e de acordo com seus padrões, o que resultará em um jovem brigão ansioso por afirmar a própria vontade aos trancos e barrancos, é melhor aceitar o que é suficientemente bom e digno de apreciação.

Pais

- Respeite a diferença de seu filho. Não tente dominar-lhe a alma.
- Seja tolerante. Essa abordagem "incompleta" de muitas tarefas também pode refletir a maior dificuldade dos meninos em se concentrar durante longos períodos.
- Os meninos podem precisar especialmente de criar um fosso protetor entre si mesmos e seus bem-sucedidos pais que têm altas expectativas em relação a eles. Reaja com empatia, em vez de insistir em que é preciso seguir os padrões.

Professores

- Seja compreensivo em relação a um trabalho que não era bem o que você tinha em mente, desde que demonstre reflexão e conhecimento, e seja legível.
- Evite exigir obediência total. Conte uma piada sobre uma briga de pouca importância e orgulho masculino.

79 Dois passos para frente e um para trás

Aprender tudo é algo difícil, porque raramente acontece de um modo previsível ou de acordo com um padrão estabelecido. As crianças aprendem, amadurecem e se desenvolvem em fases e repentinamente, e cada uma administra isso de seu modo único. Os meninos têm momentos de "eureca" quando tudo se torna claro, mas depois podem ficar bastante assustados e querer voltar ao tempo em que eram mais dependentes e precisavam de ajuda. Assim, não se exporiam ao erro. Em cada fase do progresso, podem se sentir bastante desprotegidos. Portanto, o aprendizado freqüentemente é uma questão de dois passos para frente e um para trás à medida que o conhecimento ou novo comportamento passa a parecer normal.

Em relação ao comportamento, os meninos, com freqüência, precisam testar nossas reações, para verificar se realmente ficamos mais calmos e gentis e não voltaremos a ser duros ou assustadores se eles falharem de novo. Se os pais toleram os altos e baixos porque entendem isso, essa é uma forma de aceitação e afirmação que tem o mesmo efeito de um elogio direto.

Nós também podemos presenciar "dois passos para trás e dois grandes saltos para a frente". As crianças mais novas parecem andar para trás antes de fazer um progresso significativo em seu desenvolvimento – seu cérebro parece precisar de descanso antes de seguir em frente a toda velocidade.

Pais

- Quando um menino tem de permanecer um pouco onde está e precisa de algum tempo sem a pressão do eterno "progresso", certamente não deve ser censurado ou punido.
- Se seu filho parecer "perdido" e confuso, ou não conseguir fazer algo que fazia antes, espere pacientemente. É provável que em uma semana ele redescubra sua capacidade e dê um salto à frente – ou esteja se sentindo mal!
- As crianças aprendem fazendo, mas também consultando o travesseiro, imaginando, "brincando com" a idéia e assimilando-a subconscientemente. Não peça uma prova detalhada do aprendizado passo a passo.

Professores

- Metas, testes e avaliações de desempenho escolar presumem que toda criança se desenvolve como a "média", quando cada uma progride de um modo único.
- Tente permitir um pouco de flexibilidade no programa de estudo.
- Dê ao menino que progride lentamente indicações de que não é estúpido; só está trabalhando no problema à própria maneira e na própria velocidade.
- Tente convencê-lo de que chegará lá e de que, como em qualquer investimento, o desempenho passado não é garantia de resultados futuros!

80 Escolha uma coisa de cada vez

Na reunião de pais e mestres de meu filho, vários professores disseram que ele poderia se sair melhor. Meu filho tinha um bom desempenho em suas matérias favoritas, portanto não havia nada de errado com seus hábitos de estudo ou seu cérebro. Mas, em vez de lhe pedir para se esforçar mais nas matérias de todos os professores, sugeri que se esforçasse mais em uma matéria por período letivo. Ele não se sentiu pressionado e, pouco a pouco, seu desempenho melhorou.

Os meninos tendem a ser irrequietos, por isso podem achar difícil se concentrar em fazer tudo certo o dia inteiro. Eles cometem muitos erros, e é igualmente difícil para nós monitorar todos os seus movimentos para garantir que serão obsequiosos e obedientes. Quando nossos filhos são constantemente vigiados, nossa tática de espionagem sugere que esperamos transgressões e não confiamos neles.

Todos se beneficiam quando é escolhido um aspecto do comportamento para mudar de cada vez. As chances de sucesso são maiores, as críticas e a irritabilidade diminuem e a vida em geral se torna mais tranqüila. O melhor é que, quando o problema central melhora, outros comportamentos desafiadores tendem a desaparecer como um resultado de menos brigas, menos ressentimentos e mais elogios e incentivos.

Pais

- Identifique o comportamento que mais o incomoda ou o momento do dia em que é mais exasperante, e comece por aí. Deixe para reclamar dos outros problemas quando esse for resolvido.
- Deixe seu filho saber que esse plano é seu e faça-o parecer um contrato justo: seu filho faz a parte dele e você faz a sua, que é ficar calmo em relação a outras questões.
- Quanto ao trabalho escolar, sugira que ele tente melhorar uma matéria de cada vez. Não lhe peça para se empenhar ao máximo ao mesmo tempo em leitura e matemática, ou ciência e história.

Professores

- Com uma classe contestadora, reflita sobre a causa do problema principal – um punhado de alunos particularmente indisciplinados, a administração da sala de aula (porque eles se sentam e fazem bagunça juntos) ou o estilo do ensino (porque alguns parecem perder o interesse muito rápido). Escolha a explicação mais plausível e resolva primeiro esse problema.
- Dê aos meninos que se esforçam para vencer dificuldades objetivos claros e atingíveis a curto prazo, para que saibam exatamente em que se concentrar e vejam o caminho à frente. Quando um deles for bem-sucedido, faça-o saber exatamente o que o levou a melhorar.

Capítulo 10

Evite os perigos do perfeccionismo

Muitas pessoas se preocupam com a possibilidade de que uma crescente pressão para ser bem-sucedido torne os melhores alunos perfeccionistas e "viciados em sucesso", dependentes de uma dose regular de conquista e louvor, sucesso e celebração, sem a qual se sentem incompletos. Por exemplo, nos Estados Unidos, o antigo decano da Harvard University, Harry Lewis, estava claramente preocupado com a necessidade de alguns estudantes de impressionar e obter reconhecimento e recompensas por tudo ao escrever para eles: "Vocês poderão equilibrar mais sua vida se participarem de algumas atividades puramente por diversão... muitas das coisas mais importantes e gratificantes que fizerem não serão registradas em um pedaço de papel, mas apenas em sua mente e alma."

No Reino Unido, há preocupações parecidas com as crescentes pressões no esporte de elite competitivo e a exigência de progresso incessante na escola. Enquanto algumas crianças parecem capazes de sobreviver e até mesmo se desenvolver sob pressão, outras experimentam um nível pouco saudável de perfeccionismo, que esconde uma considerável falta de autoconfiança e angústia, porque buscam objetivos às vezes impossíveis e nunca se satisfazem com o resultado.

Que atitudes e apoio ajudam a manter as crianças livres da agitação e da ansiedade competitiva? As pesquisas mostram que as crianças que ambicionam alto, se saem bem e conseguem manter o sucesso de um modo saudável e equilibrado agem de acordo com os próprios padrões e suas expectativas realistas e flexíveis. Sabem lidar com erros e fracassos, e aprendem com eles. Tendem a ser bem organizadas, têm pais que não são críticos e se esforçam em benefício próprio porque apreciam a atividade. Estão no controle e não se sentem pressionadas. O mais importante é que têm uma auto-estima forte e estável que não exige que elas provem nada para os outros a fim de se animar.

As sementes do perfeccionismo doentio germinam quando, aos olhos da criança, a aprovação parece depender do sucesso; ela tenta corresponder a expectativas muito altas e inflexíveis dos outros; os adultos levam o crédito pelo seu sucesso; nenhum sucesso parece suficiente porque as metas sempre mudam; a contestação constante gera dúvida constante sobre sua capacidade; o sucesso é enaltecido e o medo do fracasso é grande. Em outras palavras, as atitudes perfeccionistas não ajudam a criança a ser feliz, apesar de as conquistas acumuladas muitas vezes serem impressionantes.

81 Mantenha todos os objetivos realistas e flexíveis

*Everyone gets scars on the way to the stars.** (O título de uma canção de Fran Landesman, cantora de jazz.)

Pais e professores freqüentemente ficam tentados a pedir à criança que faça um esforço extra, e não gostam de tornar o objetivo mais fácil se ela tem dificuldade em atingi-lo. Quando surge um problema, tendem a culpar sua atitude e aplicação, não um objetivo irrealista.

As pesquisas mostram que ser flexível e transigente no que diz respeito a padrões e objetivos é uma das chaves para o esforço saudável. Se um menino começar a estabelecer objetivos muito difíceis e se agredir emocionalmente quando não os atinge, incentive-o a ir com calma. É claro que será ótimo se ele se sair muito bem, porém é mais importante que não se veja contido em uma camisa-de-força perfeccionista.

---

*Todo mundo ganha cicatrizes a caminho das estrelas. (*N. da T.*)

Pais

- Nunca repreenda um menino, ainda que de brincadeira, por não ter se sobressaído.
- Se seu filho passar na etapa preliminar de um teste, marque isso com um agrado. Não espere necessariamente pelo resultado final, porque ele já provou que é promissor.
- Tente demonstrar flexibilidade ao estabelecer objetivos para si mesmo.
- Não crie objetivos não-flexíveis para seu filho.

Professores

- Os meninos precisam de expectativas firmes para cumprir prazos e evitar que a procrastinação se transforme em um hábito, mas de expectativas flexíveis quando o aluno já estabeleceu seu próprio objetivo.
- Deixe claro que cada aluno se sai bem em um nível diferente, e que o alto desempenho não deve ser obtido à custa do tempo de lazer e da paz de espírito.

82 Não condicione a aprovação ao sucesso dele

Quando meu filho não foi escolhido o primeiro de sua escola, fiquei desapontado e quase zangado. Realmente fui exigente com ele. Vi-me menosprezando-o. Eu sou um homem de negócios inteligente e bem-sucedido, e fiquei horrorizado e envergonhado por ter me sentido assim. Simplesmente aconteceu.

Pelo menos ele admitiu seus sentimentos. A primeira reação desse pai – de vingativo desapontamento – é mais comum do que se pode imaginar, embora seu subseqüente insight não o seja. Quando esperamos coisas boas, é muito fácil nos sentirmos desapontados e decepcionados se elas não acontecerem, mas nenhuma criança deve carregar o peso de acreditar que o sucesso é o único modo de manter o amor ou a aprovação dos pais.

Podemos ter uma reação parecida quando nosso filho se comporta mal em uma ocasião importante para nós e nos sentimos constrangidos. Se "mantivermos a calma" com ele mas não o repreendermos por um erro específico, poderemos cair na armadilha de reservar nossa aprovação para os momentos em que faz com que nos sintamos bem.

Pais

- Aceite que não é bom para seu filho ser perfeito, e que toda experiência, e todo revés, é um degrau no crescimento e aprendizado.
- Veja o lado engraçado e potencial alternativo de cada imperfeição.
- Se você ficar desapontado com um segundo resultado melhor, lembre-se de que você não é o ele, e seu filho não é você. Em sua mente, estabeleça um limite entre você e seu filho, e pare de viver parasiticamente através dele.

Professores

- Trate todos os alunos com justiça e sem favoritismo. Aceite cada um como uma pessoa de valor; não reserve seu entusiasmo para os ajustados e bem-sucedidos.
- Mostre que você valoriza uma ampla gama de atitudes, conhecimentos especializados e habilidades. Refira-se às conquistas passadas e antecipe as futuras.
- Concentre-se no processo, assim como no resultado. O aspecto a salientar é como a melhora foi obtida, não o sucesso em si.
- Incentive todos os alunos a tomarem decisões importantes e assumirem a responsabilidade por elas, para que sintam que você confia neles.

83 Deixe seu filho ser dono do sucesso

Ele não deveria reclamar de que não foi informado sobre o ótimo resultado de seu filho. Eu concordo com você. As crianças precisam ser donas do sucesso e se dar conta de que lhes pertence. Ninguém deve anunciá-lo ao mundo como se fosse sua conquista e seu prêmio. (Diretor de escola e especialista em necessidades educacionais especiais.)

É claro que nosso filho é dono do sucesso, mas também é muito fácil assumi-lo e, portanto, tirá-lo dele. É isso que fazemos quando o usamos para nos sentirmos bem-sucedidos. Nós nos empolgamos tanto com a conquista que temos vontade de sair correndo para contá-la para todos os nossos amigos. É a glória nossos filhos se saírem bem em várias atividades.

Mas, se nós realmente subtrairmos o sucesso de nosso filho e espalharmos uma notícia especial, é possível que, em vez de ficar satisfeito, ele se sinta vazio e consternado. Então poderá se sentir levado a repetir sempre o sucesso.

Pais

- O sucesso pessoal deve ser visto como algo que pertence à criança, não aos pais. Você não pensaria em pegar nada emprestado de seu filho sem lhe pedir, e a mesma polidez se aplica neste caso.
- Primeiro pergunte ao seu filho se deseja que mais alguém saiba, e se ele mesmo gostaria de contar para algumas pessoas.
- Perguntar-lhe não só demonstra que você respeita seu filho e a vontade dele, como também o torna inequivocamente dono do sucesso.
- Desvalorizar algo que seu filho acredita ser um sucesso também lhe "rouba" a conquista e o prazer: "Mas outro aluno da classe obteve essa mesma nota. Não é tão especial!"

Professores

- Quando as escolas usam as conquistas das crianças para encher seus prospectos, há o risco de os alunos se sentirem usados.

84 Mantenha-se em contato com a realidade dele

Não seja arrogante a ponto de presumir que sempre sabe o que ele quer e como se sente. É importante continuar a conversar e lhe dar a oportunidade de discutir livremente com você seus medos e sentimentos, inclusive os que poderiam magoá-lo ou desapontá-lo.

O menino deve ter liberdade para falar sobre vergonha, decepcioná-lo, reconhecer sempre ter ansiado por uma atividade diferente da que você incentivava, seu medo do fracasso e talvez suas idéias distorcidas. Também haverá aspectos positivos a discutir: que aspectos da vida do menino lhe dão mais prazer, como ele avalia seus talentos ou habilidades particulares.

Por exemplo, se comemorarmos o sucesso de uma criança, o evento deve ser conveniente para ela, não para nós. Uma criança de 10 anos pode achar difícil se relacionar com um monte de vizinhos ou parentes falando uns com os outros e tomando bebidas alcoólicas. Mesmo gostando da companhia de adultos, talvez prefira ficar sozinha ou com amigos de sua idade. Se esse for o caso, que benefício a reunião lhe traria?

Pais

- Planeje a comemoração no nível de seu filho, não como você comemoraria um feito notável seu.
- Leve a sério as preocupações de seu filho. Não ignore algo que o entristece ou aborrece.
- Se você se recusar a ver as coisas como seu filho as vê, ele poderá perder o contato consigo mesmo e se tornar seu reflexo.
- As crianças mais novas acreditam prontamente no inacreditável, como em Papai Noel e fadas dos dentes. Só porque você sabe como algo tem de ser, isso não significa que seu filho também deve entender por quê.

Professores

- Tente descobrir as preocupações que se escondem por trás de um trabalho atrasado, "perdido" ou muito malfeito. Talvez haja dificuldades em casa ou ele tema demonstrar sua total falta de entendimento.
- Compreenda que um forte antagonismo paterno à escola e ao estudo pode diminuir o compromisso do menino com o trabalho. Essa é uma realidade conflitante que ele provavelmente enfrentará.

85 Fale em "desenvolvimento", não em "melhora"

O menino que tem a oportunidade de descobrir novos interesses, talentos e habilidades aprende mais sobre si mesmo e estabelece um padrão de autodescoberta que pode enriquecer o resto de sua vida. De fato, a autodescoberta é o objetivo principal: somente se ele explorar o que há em seu íntimo poderá descobrir seu verdadeiro potencial e experimentar a emoção e a excitação que lhe estão reservadas. O processo deve ser de autodescoberta, não de automelhora.

Melhora sugere que o menino está mais hábil do que era antes, que como era antes não era "certo". Contudo, repito que ele precisa ver seu passado como uma parte aceitável de si mesmo. A mensagem sutil pode ser que precisa continuar a melhorar e se aperfeiçoar, experimentando uma coisa após a outra para permanecer aceitável. Não devemos exigir que ele "realize seu potencial", porque nunca podemos saber qual é, e quando é realizado. É melhor lhe pedirmos para remover uma ou duas camadas de possível resistência a fim de revelar sua reserva de capacidade – para seu próprio prazer.

Pais

- Deixe claro que o que está melhorando são os resultados ou a técnica, não a personalidade ou "eu" de seu filho.
- Fale sobre descoberta, em vez de melhora. "Você está descobrindo todos os tipos de coisas novas sobre si mesmo!", "Você está descobrindo que afinal de contas pode se sentir confortável com matemática", "Você achou que poderia superar esses obstáculos extras e melhorar tanto seu tempo de corrida?"

Professores

- Separe o menino da melhora. Refira-se à sua compreensão mais profunda, maior aplicação e eficiência, nova inspiração ou crescente capacidade de identificar materiais de referência ou técnicas, em vez de se maravilhar com sua "melhora" generalizada.

86 Incentive a auto-avaliação

Há muito tempo a sociedade diz aos meninos que eles devem se virar sozinhos e que, quanto mais cedo começarem, melhor – na verdade, diz isso há tanto tempo que agora isso pode estar programado em seus cérebros. Os meninos são orgulhosos. Nem sempre querem fazer tudo o que lhes é mandado, especialmente pelas professoras e mães. Desde o início da pré-adolescência, e na adolescência, tendem a depreciar as meninas e mulheres para estabelecer uma identidade masculina mais clara. Se o elogio não for feito cuidadosamente, pode ser visto com desconfiança, como um meio de manipulação.

A melhor tática com os meninos é incentivar a auto-avaliação. Encarar os pontos fortes e fracos não só aumenta o realismo e o autoconhecimento, como evita a "postura" tipicamente masculina. Isso também tira o poder do elogio. Contudo, os pais podem dar apoio reforçando os julgamentos individuais dos filhos ou refletindo encorajadoramente no fim da semana. É claro que, se nossos filhos tiverem uma "vitória" significativa, poderemos ser mais espontaneamente apreciativos.

Pais

- Pergunte a seu filho: "O que você achou disso? Esse é o teste mais importante porque você é o melhor juiz."
- Tente incentivá-lo a ser específico: "Você disse que se saiu mal. O que acha que não fez certo?" ou "Sim, também gostei do que você fez, mas o que o agradou em particular?"
- Esses detalhes ajudam você a avaliar a correção e a pertinência do julgamento de seu filho.
- Antes de seu filho receber o boletim escolar, pergunte-lhe como ele acha que será.

Professores

- Alguns professores convidam os alunos a mediar os trabalhos uns dos outros, tendo primeiro discutido os pontos, as habilidades e os conhecimentos que precisam ser cobertos. O julgamento que um menino aplicar ao trabalho de outro também poderá se aplicar ao seu próprio.
- Pergunte a um menino que você acha que está julgando incorretamente o padrão esperado como ele reage a seus comentários sobre qualquer tarefa.

87 Não mude constantemente os objetivos

Meu filho de 4 anos foi bem preparado para tomar suas vacinas no médico, tanto que nem chorou. Admirado com tamanha maturidade, o médico decidiu lhe dar a segunda dose na mesma ocasião. O resultado foi traumático: uma criança aflita, desconsolada e decepcionada com a mãe e o médico.

Escolas e pais exigentes tendem a mudar os objetivos. Assim que um deles está à vista, e portanto parece fácil, outro mais difícil é apresentado para evitar uma diminuição do esforço. Ou, assim que um objetivo é atingido, é substituído por outro para manter o ímpeto: "Se você conseguiu fazer aquilo, certamente conseguirá fazer isto!" Um exemplo comum desse processo são os testes de instrumentos musicais em que quando o menino atinge determinado nível outro é imediatamente apresentado como o novo objetivo.

Mas os meninos gostam de decidir quando enfrentarão desafios. Estão acostumados com jogos de computador em que escolhem o nível de dificuldade e só recomeçam como "iniciantes" em um nível mais alto quando os pontos máximos no nível anterior não mais os satisfazem. Isso lhes delega muito poder.

Pais

- Os desafios devem estimular os meninos a se descobrir, não ameaçá-los, desconcertá-los ou fazer com que se sintam inadequados enquanto não os enfrentarem.
- Quando os meninos podem escolher o momento de renovar seus esforços, sua prontidão reflete confiança.
- A mudança de objetivo representa o descumprimento de um acordo. Pode causar ressentimento, insegurança e ansiedade.
- Alguns músicos amadores mas ativos nunca fizeram testes de instrumentos musicais quando eram crianças. Esses testes podem avaliar o progresso, mas não são essenciais.

Professores

- Leve em conta a visão da criança do que ela pode fazer, e a coloque no controle na medida em que seja preciso reduzir a pressão.
- Pedir respostas perfeitas antes de fazer alguém andar para frente incentiva atitudes perfeccionistas ou tédio.

88 Aceite o sucesso suficiente

Crescer achando que o melhor que eu podia fazer não era o suficiente me levou a me tornar rebelde e parar de tentar. Mas, embora eu parecesse não mais me importar, em meu íntimo continuava a me culpar por ser inútil.

Como discutimos no capítulo anterior, todo menino que se depara com objetivos sucessivos que parecem miragens – desaparecem quando está perto de alcançá-los como "poças" d'água brilhantes em estradas quentes e dias ensolarados – tende a concluir que nenhum sucesso é suficiente. Se nenhum sucesso, ainda que grande, é suficiente, ele nunca saberá se é suficientemente – ou de algum modo – bom. Esse é um pensamento muito desagradável que o faz precisar de mais sucesso para se convencer de que é digno de elogios. O sucesso, quando buscado por esse motivo, não aumenta a auto-estima ou confiança em si mesmo. Na pior das hipóteses, aumenta a insegurança; na melhor, deixa a auto-estima vulnerável e instável.

A crença em nós mesmos não provém da sensação de que somos perfeitos, mas do conhecimento de que somos suficientemente bons mas temos mais a oferecer.

Pais

- Oriente seu filho quando ele estiver pronto. Para o sucesso aumentar a auto-estima, o menino precisa de tempo para assimilá-lo, ter certeza de que pode repeti-lo e torná-lo parte de sua identidade. Somente ele pode saber quando está pronto.
- Ser empurrado para frente também gera uma considerável ansiedade, uma conhecida característica dos perfeccionistas, que se sentem impelidos pelos outros.
- Sucesso suficiente não é desculpa para não agir, aceitar o que é inferior ou preguiça. É o resultado de um esforço sincero (embora talvez não excelente) que produz um real progresso, e proteção contra pressões internas ou externas.

Professores

- Deixe todo sucesso ser suficiente, pelo menos uma vez, inclusive o seu.
- Pergunte aos alunos quando estão prontos para fazer um esforço extra a fim de melhorar seus resultados, entrar em uma competição, ou pular um nível.
- O trabalho desorganizado pode ser considerado bastante bom se o conteúdo estiver correto. Os meninos realmente usam frases menos completas e apressam a conclusão do trabalho, preocupando-se menos com a apresentação.

89 É importante correr riscos razoáveis

As pesquisas mostram que os meninos começam a vida tendendo mais a correr risco do que as meninas. Eles pensam menos adiante, por isso são mais corajosos e menos cautelosos: fazem coisas sem pensar, se metem em mais encrencas e por isso acabam sendo repreendidos com mais freqüência. Sua fanfarrice os incentiva a deixar as coisas para o último minuto, protegidos pela convicção de que "no fim tudo dará certo".

A capacidade de correr riscos é importante, porque o aprendizado é um negócio arriscado. Criticar duramente um menino quando ele arriscou algo e errou ou, pior ainda, punir esse erro pode levá-lo a evitar riscos maiores.

Os meninos com tendências perfeccionistas têm padrões muito elevados. O medo do fracasso faz com que alguns se coloquem consciente ou inconscientemente em uma situação desvantajosa para evitar a ansiedade. Eles podem adiar as coisas até ser tarde demais e mirar ridiculamente alto para garantir o fracasso, ou baixo demais para que o resultado não signifique coisa alguma.

A inação é outra possibilidade, e alguns desenvolvem uma letargia inexplicável, dores ou distúrbios alimentares, que fornecem uma desculpa para se manter fora do páreo.

Pais

- Torne seguro cometer erros.
- Fale sinceramente sobre os erros que você cometeu no passado e comete agora.
- Se você correu um risco em qualquer área, discuta com seu filho por que, e os aspectos negativos e positivos disso.
- Uma aventura que inclua certo risco calculado ou confronte o inesperado será útil.
- Promova a independência pessoal. Não seja superprotetor para que seu filho não se torne avesso aos riscos.

Professores

- Se você cometer um erro, seja franco e honesto a esse respeito.
- Aumente a consciência da classe de atitudes diferentes em relação aos erros iniciando uma discussão. Observe padrões de gênero, e fale sobre isso.
- Os meninos adoram jogos em classe e questionários que lhes permitam provar sua inteligência – ou expor suas limitações. As meninas freqüentemente são tímidas demais para apreciá-los. Convide os alunos a refletir sobre o que significa para eles ganhar, perder ou participar.
- Os meninos com pouca confiança em si mesmos não têm coragem de correr riscos nem confiança para mudar.

90 Não ignore ou puna o fracasso

Freqüentemente os pais são aconselhados a incentivar as crianças ignorando os erros e se concentrando nos acertos. Isso ajuda os meninos muito pequenos, que acham difícil controlar seus corpos e sentimentos quando dão os primeiros passos no aprendizado e são novos demais para viver com regras para tudo. Quando os meninos são maiores, os pais devem ser honestos em relação à qualidade e ao efeito de seu trabalho e comportamento. Continuar a menosprezar os fracassos e comemorar os sucessos sugere que o fracasso é vergonhoso e deve ser evitado: uma visão típica dos perfeccionistas.

O fracasso não deve ser evitado ou punido porque fornece informações concretas e neutras sobre o que deu errado, não foi totalmente compreendido e precisa ser mudado para acertar da próxima vez. A experiência do fracasso só se torna vergonhosa para a criança quando ela investiu sua auto-estima em se sair bem, ou os pais contavam com seu sucesso para satisfação e felicidade próprias, de modo que o fracasso passa a ser associado a desapontamento e desconforto.

Pais

- Reaja aos revezes com sensibilidade. A punição, assim como a banalização, não é uma reação útil aos desapontamentos.
- Ajude seu filho a assumir a responsabilidade pelo fracasso. Faça-o ir além das desculpas esfarrapadas, para saber claramente o que deu errado.
- Considere o fracasso neutro. Não o esfregue no nariz de seu filho nem o provoque. Incentive-o a não levar o fracasso para o lado pessoal.
- Se os fracassos de seu filho o envergonharem pessoalmente, ou os sucessos o tirarem do desânimo, você tornará isso mais difícil para ele.
- Fortaleça o coração de seu filho, mas não o endureça.

Professores

- Os meninos podem considerar o fracasso um desafio a seu poder masculino e domínio. Tire a vergonha de qualquer fracasso e esclareça as lições a serem aprendidas.
- Ouça a versão dele da história.

Capítulo 11

O elogio e você

Tendo falado com vários adultos ao longo dos anos, com pessoas bem-sucedidas e que levaram vida menos notável, surpreendo-me com quantas se apressaram a dizer que seus pais e mães – particularmente seus pais – nunca as elogiaram. Elas nunca sentiram que seus esforços eram apreciados e ficaram com a sensação de que não eram bastante bons ou não tinham personalidade suficientemente interessante para ser notada. Isso influenciou o curso da vida de algumas, porque ainda desejam agradar, embora seus pais não estejam mais por perto para assistir ao show. Esse ainda é um assunto pendente e, embora seu desejo possa levar a maiores conquistas do que uma infância mais satisfeita proporcionaria, o sucesso mascara uma eterna tristeza, uma sensação de desapontamento e inquietude básica.

Uma conhecida minha que é uma figura pública reconheceu que seu desejo de provar ao pai que era tão boa quanto os irmãos fizera com que, desde bem pequena, ela tivesse necessidade de ser bem-sucedida e se sobressair. Um homem no topo de sua profissão admitiu prontamente a importância da auto-estima e disse ter sofrido em silêncio durante toda a sua vida porque seu pai nunca o elogiara ou parecera reconhecer ou valorizar seus talentos. Em conseqüência disso, agora gostava de trabalhar com jovens estudantes e graduados para incentivá-los a fortalecer sua consciência de si mesmos adquirindo experiências mais amplas das quais pudessem se orgulhar.

Uma pessoa que enfrentou dificuldades no outro extremo do comportamento paterno é uma jovem que, desde cedo, demonstrou talento musical e precisou cumprir horários de treinamento e trabalho rígidos para torná-lo sua profissão. Era elogiada, mas de má vontade e condicionalmente. Seu sucesso nunca era suficiente. Ela sentia cada vez mais que sua vida não lhe pertencia e o único modo de recuperar o controle foi desistir. Desse dia em diante, nunca mais tocou em seu instrumento musical.

É surpreendente que tantas pessoas tenham sido tão sinceras, porque os adultos costumam negam a importância das coisas que não tiveram a sorte de ter, ou afirmar que algo desagradável que realmente aconteceu não teve um efeito ruim duradouro. A conclusão tem de ser a de que o impacto nas crianças, nos jovens ou nas pessoas mais velhas de viver sem a visível satisfação ou o reconhecimento dos pais, ou com pais muito exigentes em benefício deles próprios, é claramente profundo: um padrão que devemos garantir que não se repetirá.

91 Remova seus bloqueios ao elogio

Muitas pessoas acham difícil elogiar. Algumas se sentem desconfortáveis usando palavras com as quais estão pouco familiarizadas; simplesmente não sabem o que elogiar, enquanto outras desaprovam todo o processo – ou são profundamente céticas em relação a ele. Os motivos mais comuns que elas alegam para economizar nos elogios incluem:

– o elogio pode facilmente tornar um menino convencido;

– só se deve elogiar a "excelência": uma conquista importante e um esforço além da expectativa. O comportamento, a conquista ou o trabalho "normal" não deve merecer atenção especial;

– se algo pode ser melhor, não deve ser elogiado, porque isso pode incentivar a preguiça e transmitir mensagens erradas sobre os padrões e as expectativas gerais; um menino deve se sair bem em todas as esferas antes de ser recompensado porque pode se descuidar de uma atividade que os pais consideram realmente importante;

– eles criaram o sucesso, não o menino, porque, por exemplo, forçaram o regime de estudo ou pagaram aulas extras;

– antes o elogio não teve um impacto, por isso deixaram de fazê-lo.

Os pais podem querer manter uma ligeira vantagem sobre os filhos e levar algum tempo para elogiar um sucesso acadêmico, criativo ou esportivo que ameace sua autoridade e seu orgulho.

Pais

- Reflita sobre suas experiências da infância e atitudes atuais em relação a fazer e receber elogios. Qual foi sua influência mais forte?
- Pense bem para detectar qualquer diferença no modo como você trata meninas e meninos.
- Se você trabalha fora, como elogia as pessoas em seu trabalho, se é que as elogia? Usa a mesma abordagem em casa? Se não usa, por que não?
- Dê o que recebe. Quando seu filho demonstrar afeição e consideração por você (ambas podem ser consideradas elogios), não deixe de retribuir.

Professores

- Reflita sobre seu passado, em casa e na escola, e os padrões que poderia estar repetindo.
- Reflita se você acha mais fácil reagir encorajadoramente na sala de aula ou em casa com a própria família, e por que poderia ser assim.

92 Se quiser ouvir, peça

Se você não costuma receber muito feedback positivo da família, de colegas de trabalho ou de amigos, é provável que tenha aprendido a dispensá-lo. Os homens tendem a ser mais auto-suficientes, ou a gostar de se considerar assim, e às vezes nem notam a ausência de elogios. As mulheres anseiam mais por elogios na infância e tendem mais a sentir falta de tapinhas nas costas na idade adulta.

Se você quiser ouvir, peça; a maioria dos "entes queridos" está disposta a dar apoio quando os parceiros ou amigos precisam. Muito poucos negarão a você. As crianças podem ser incentivadas a apreciar o que você fez bem, não apenas para ser educadas, mas em um sincero reconhecimento de seu esforço ou feito especial.

Aqueles que acham que podem passar sem os elogios e não se preocupam muito com eles certamente acharão mais difícil fazê-los. Podem achar que, especialmente os meninos, devem aprender a crescer sem precisar tanto da aprovação alheia. O melhor modo de encorajar um parceiro relutante a elogiar mais abertamente seu filho é seguir na contramão e elogiá-lo primeiro.

Pais

- Seja específico. Analise o que gostaria de ter mais, como, por exemplo, apreciação de seus esforços ou talentos, ou aceitação de seus pontos de vista e valores, e depois peça.
- As crianças tendem a aceitar o que é feito por elas, em qualquer nível, como uma "atitude normal dos pais". É difícil perceberem que poderia ser feito menos, por isso não seja severo em relação à sua aparente insensibilidade.
- É mais saudável fazer algo porque você quer (caso em que talvez não precise de muitos agradecimentos) do que bajular. Mas, se você gostaria que seu esforço fosse apreciado, descreva o extra que fez. A verdadeira gratidão surge da verdadeira dedicação.

Professores

- Pense no trabalho que você acha que faz bem e que gostaria que fosse apreciado. Então, busque confirmação e reforço.
- O feedback positivo pode vir de colegas, estudantes ou pais. Como eles poderiam demonstrar sua apreciação? O que você poderia esperar?

93 Se você tiver feito algo bem, acredite nisso

Em um mundo que parece obcecado pela excelência, especialmente por conquistas que produzem grandes recompensas financeiras, pode ser difícil sentir orgulho de sucessos menos óbvios – ou perceber que são sucessos, dada a sua escala modesta.

No ambiente de trabalho, as pessoas são cada vez mais incentivadas a identificar e reconhecer seus feitos e pontos fortes que poderiam ser relativamente pequenos, como responder com sensibilidade a um membro mais novo do staff que chegou com um problema mas saiu com a cabeça mais leve e um plano de ação. No ambiente doméstico, não há um chefe para elogiar seus esforços naquele dia ou uma meta diária a atingir. Mas, apesar disso, há bons momentos e sucessos, e centenas de tarefas a realizar, com ou sem os filhos, que envolvem a mesma capacidade de ser eficiente e prático, resolver conflitos, administrar o estresse, comunicar-se e ouvir que deve ser demonstrada no local de trabalho.

Olhar para o que fizemos, e fizemos bem, e não para o que não fizemos, e nos sentirmos satisfeitos com isso, nos animará e ajudará a ser positivos e incentivar nossos filhos e parceiros.

Pais

- Uma criança capaz de apreciar é uma criança que sorri, é feliz e demonstra afeição por você. E às vezes realmente diz "obrigado".
- Às vezes um menino bate com força nas suas costas como um gesto amoroso, por isso aceite-o pelo que é – não reaja asperamente.
- Se você se sentir desconfortável ao receber elogios, deve aprender simplesmente a dizer "obrigado" e aceitá-los.

Professores

- Se você receber um bom feedback de um colega, pai ou estudante por algo que fez, aceite-o como válido. Não diga que não o merece ou que só fez sua obrigação.

94 Recompense-se

Se você acha que fez algo impressionante, seja devido a seu ponto de partida ou porque representou um grande passo para um objetivo a longo prazo, recompense-se. Seja qual for seu agrado especial, permita-se tê-lo.

Pode ser uma recompensa particular, que você guarda para si mesmo, ou algo que escolhe partilhar com outra pessoa. Pode ser se sentar com um livro de fácil leitura, assistir a um filme ou DVD durante o dia, tomar um longo banho perfumado, uma bebida com um amigo ou assistir a esportes na TV o dia inteiro em um fim de semana.

Marcar uma conquista com uma recompensa o ajuda a reconhecer que foi bem-sucedido e merece um descanso; prova que nem sempre é obrigado a dar um passo para frente antes de se permitir um prazer; e lhe permite entender que seus filhos também poderiam valorizar cada pequeno gesto de apreciação e sentir que seus esforços valeram a pena.

Pais

- Pense nas atividades que você gostaria de praticar em seu tempo livre, como caminhar ou ficar no jardim. Lembre-se deles quando sentir que merece um agrado.
- A melhor recompensa é a própria satisfação; então não há dúvidas em sua mente. Pratique dizer a si mesmo: "Eu fiz isso muito bem! Posso realmente ficar satisfeito!"
- As recompensas nem sempre têm de beneficiá-lo. Você poderá partilhá-las com outra pessoa se isso lhe der prazer.

Professores

- Reflita sobre os momentos durante um dia de inevitáveis pressões em que você pode apreciar um pouco de descanso quando sente que o merece.
- Lembre-se do sucesso suficiente. Vale a pena marcar um esforço especial, mesmo se as coisas não tiverem acontecido exatamente como você esperava; caso contrário, poderá não tentar de novo!

95 Aceite elogios

Se alguém lhe fizer um elogio, aceite-o. Não se sinta desconfortável ou o rejeite tão logo possa com as palavras: "Não foi nada muito especial!", "Não sei o que fiz para merecer um comentário assim" ou "Eu ia fazer isso de qualquer modo". As meninas e mulheres são particularmente propensas a se denegrir. Podem ter se esforçado muito, mas geralmente acreditam que essa era sua obrigação, o que faz o esforço parecer banal e indigno de nota.

Se você freqüentemente acha que não merece nenhum reconhecimento ou elogio e se sente constrangido quando alguém lhe diz que se saiu bem, pode imaginar que os outros sintam o mesmo, inclusive seu filho. Isso o torna mais propenso a economizar nos elogios, a fim de protegê-lo do constrangimento esperado.

Mas essa reticência é inútil. É muito melhor você mudar sua atitude mental e aprender a aceitar de bom grado um elogio quando tem a felicidade de recebê-lo!

Pais

- Pratique dizer "obrigado" ao receber um elogio, e ensine seus filhos a fazerem o mesmo.
- Não brinque a respeito de dar ou receber elogios enquanto todos na família não saibam que os elogios são sinceros e podem acreditar neles. Somente então será seguro tornar as coisas mais leves com um pouco de diversão, e apenas esporadicamente.

Professores

- Se um aluno disser: "Isso foi muito engraçado!" ou "Isso foi interessante", responda com um "Obrigado" em vez de "Que bom". O comentário é um cumprimento, não visa fazer você saber que ele gostou do que fez.

96 Não concorra com seu filho

Meu pai era muito competitivo com todos os seus filhos. Sempre tinha de me vencer no xadrez, mesmo quando eu comecei a jogar, e dizer que sabia mais do que eu sobre tudo. Eu sentia que ele tirava o prazer de minhas paixões, quase o roubava. Quando, aos 11 anos, comecei a ir para a escola de bicicleta, meu pai tornou o ciclismo um exercício de fim de semana. Quando comecei a correr, você pode imaginar as assim chamadas competições "divertidas" que ele arrumou para provar que podia correr mais. Isso era deplorável e provavelmente significava que ele se sentia muito inseguro, mas durante a minha infância me fez sentir que nunca se orgulhava de mim. Também tornou difícil eu me orgulhar de mim mesmo.

Evite competir com seu filho. Alguns pais acham difícil dar espaço a seus filhos para se tornarem melhores, mais bonitos e mais habilidosos do que eles. Mas os meninos em crescimento precisam se sentir respeitados por suas conquistas, não ser colocados constantemente à sombra dos pais.

Pais

- Tornar-se competitivo tende mais a desmotivar seu filho do que a motivá-lo a se esforçar, porque pode fazê-lo se sentir oprimido e desanimado.
- Deixe que ele, às vezes, seja melhor do que você.
- Se você for competitivo com seu filho, ele tenderá mais a ser competitivo com os outros.
- Evite se referir a seu passado para declarar uma vantagem porque é quase certo que não se lembre bem do momento ou evento.

Professores

- Os alunos que acham que sabem tudo podem se tornar irritantes, mas nunca tente desbancá-los com perguntas difíceis nem se sinta tentado a vencê-los em uma troca competitiva de conhecimentos.

97 Demonstre respeito pelas mulheres

Um pai ou uma figura paterna pode ajudar o menino a ser bem-sucedido não só elogiando-o como também demonstrando respeito pelo profissionalismo de uma professora, treinadora, cuidadora, amiga da família ou parente e, naturalmente, a mãe do menino. Ouvir opiniões favoráveis sobre suas capacidades, seu conhecimento especializado e suas características pessoais ajudará o menino a se sentir bem aprendendo e aceitando conselhos das mulheres.

Isso é especialmente valioso quando ele se tornar mais consciente do gênero e, portanto, inclinado a se opor a meninas e mulheres mais velhas – por volta dos 8 ou 10 anos. Os meninos se sairão melhor e farão mais justiça a si mesmos se forem capazes de se distanciar da cultura machista, que tende a apresentar a masculinidade como necessariamente poderosa, agressiva (e "anticaxias") e superior a qualquer característica feminina, que é considerada marcada pela fraqueza.

As pesquisas mostram que intimidação e abusos verbais ou físicos dirigidos à mãe do menino podem prejudicar seriamente a auto-estima, a saúde mental e as chances futuras na vida do menino.

Pais

- Respeite as necessidades do menino que amadurece e se torna mais discriminador. Ele avaliará o quão bem eles se tratam e julgará se merecem seu respeito.
- Preste atenção às suas palavras e reações quando assistirem a filmes ou televisão juntos. Xingamentos, vaias ou comentários depreciativos freqüentemente indicam desrespeito.
- Os meninos não respeitarão as mulheres se suas mães não se respeitarem ou permitirem que seus filhos as explorem ou sejam rudes com elas. Pôr em vigor regras domésticas que protegem seus interesses é um primeiro passo.

Professores

- Toda escola deve adotar políticas contra o assédio sexual e a discriminação. É claro que as alunas e o staff feminino devem tratar os colegas do sexo masculino com o mesmo respeito.
- A consciência do gênero e igualdade do respeito deve ser aplicada em toda a escola e em todas as lições.

98 Aprecie a própria companhia e a dos outros

O melhor em ter amigos é que você pode presumir que eles apreciam sua companhia. Se não apreciassem, não "gastariam" tempo com você. Os amigos lhe permitem saber que é bom tê-lo por perto, o que às vezes é muito estimulante – e, é claro, também estão lá para partilhar seus problemas, se precisar deles, e são uma grande fonte de diversão.

Apreciar a companhia de amigos o ajudará a perceber por que é bom ficar na companhia de seu filho. Isso o fará se sentir valorizado e saber que é capaz de dar prazer a outras pessoas, em vez de ser uma fonte de desapontamento e rivalidade, e aumentará muito sua confiança. Se você dedica tempo a seus amigos, mas também demonstra que valoriza e aprecia seu filho porque reserva tempo para ele, seu filho tem a medida exata do valor que lhe dá. Portanto, ter e apreciar amigos oferece um duplo benefício, desde que eles não o façam excluir seu filho.

Pais

- "Eu tive um dia ótimo com meus amigos, e agora estou passando um tempo ótimo com você. Não sou uma pessoa de sorte?"
- Se você levar seu filho quando for se encontrar com amigos, certifique-se de que ele apreciará o grupo ou algo que leve para ele fazer.
- Se você for buscar crianças pequenas na escola, evite que se sintam ignoradas na saída por estar muito entretido conversando com outras pessoas. Sempre as cumprimente afetuosamente.
- O prazer resulta do engajamento no presente, aqui e agora.

Professores

- Divirta-se com seus alunos conversando com eles ao vê-los no prédio da escola nos intervalos.
- Reserve algum tempo para se divertir com colegas na sala dos professores, em vez de trabalhar continuamente.

99 Aprove-se

As crianças se beneficiam quando os pais estão bem consigo mesmos. Isso envolve aceitar histórias pessoais e decisões tomadas, ou não tomadas, em anos anteriores. Não devemos continuar a nos culpar por coisas que aconteceram ou fechar as cortinas do passado e fingir que certos eventos não ocorreram. Quanto mais nos sentirmos bem com nós mesmos, menos seremos tentados a reviver ou negar coisas por meio das crianças, e mais seremos capazes de apoiá-las e incentivá-las de modos saudáveis que refletirão e darão espaço para seu verdadeiro eu.

Se acharmos que não temos valor ou que nada que fazemos é suficientemente bom, seremos tentados a preencher nosso vazio interior com o sucesso ou fracasso de nossos filhos. É muito fácil construirmos uma identidade baseados nisso, e moldarmos nossos filhos a ela. Nós tenderemos a exigir mais o sucesso e relutar mais em elogiar, esperando até acharmos que o elogio é realmente merecido. Se nossos filhos cometerem um erro, poderemos senti-lo como um reflexo em nós, e portanto diminuir a importância do evento ou criticá-los a fim de preservar nossa auto-imagem.

Pais

- Anote seus pontos fortes.
- Identifique seus arrependimentos. Mas tudo tem seu lado bom; nada é um desastre total. Para cada decisão ou evento que você lamentar no passado, tente identificar um traço pessoal ou resultado positivo.
- Pense em tudo que você fez para ajudar os outros. A conquista não é determinada apenas por critérios publicamente aceitos.

Professores

- Anote seus pontos fortes profissionais e preze-os.
- Relacione seus pontos mais fracos e pense no quanto o frustram.
- Pense no quanto você pressiona seus alunos para encobrir seus pontos fracos.
- Tente aceitar que a escola deve ajudar os alunos a se desenvolver acadêmica e socialmente, e a amadurecer de muitos modos. Lembre-se de ocasiões em que ajudou um aluno a crescer e se desenvolver, não apenas a passar nos exames.

100 Anime-se

Ser um bom pai ou uma boa mãe não tem a ver com perfeição, porque é impossível fazer tudo certo o tempo todo. Seja como for, as pessoas diferem em suas opiniões sobre qual é a reação certa – ou melhor – para qualquer situação; portanto, a perfeição não é um objetivo prático. Como pais, cometemos muitos erros, assim como os meninos em crescimento cometem. Como eles, precisamos de incentivo para fazer o melhor possível, entender mais como os meninos pensam e aprendem, e a dinâmica do relacionamento de pais e filhos. Nossas intenções e nossos esforços são importantes, e freqüentemente bastam para produzir mudanças notáveis na atitude e no desempenho que precisam ser reconhecidas para incentivar mais mudanças para melhor.

O futuro deve parecer atraente. Nós estamos nos saindo bastante bem e podemos realizar mudanças para fazer o futuro parecer mais colorido. Nossos filhos podem ser bem-sucedidos e o serão, e devemos ajudá-los a imaginar e esperar um futuro positivo criando uma atmosfera de esperança, fé e apreço por todos na família, aqui e agora.

Pais

- Os revezes são normais – parte do fluxo e refluxo da vida. O futuro será brilhante, e nós nos sentiremos mais animados se seguirmos algumas das dicas apresentadas neste livro.
- Não se culpe: use consigo mesmo a proporção de quatro elogios para uma crítica. Sempre que achar que não alcançou um objetivo, encontre quatro coisas para fazer ou que já tenha feito que o deixem satisfeito.
- "O verdadeiro poder não se revela" (Foucault, filósofo francês). Fornecer um lar em que cada indivíduo tem poderes e é capaz de explorar seu potencial, sutilezas e interesses sem pressão e orientação intrusiva é o caminho saudável para o futuro.

Professores

- Ensinar é parte de sua vida, mas não toda ela. Pense nos outros modos de se aceitar e estimar – como ativista na comunidade ou igreja, pai ou mãe, parceiro ou parceira, filho ou filha – e reconheça sua contribuição geral.
- Anime-se – o futuro é quase sempre colorido se você aproveitar as oportunidades e pensar positivo!

Pós-escrito

Caso você tenha chegado ao final deste livro e se sinta um pouco confuso com os "se" e "mas", e feito uma leitura seqüencial, eis algumas sugestões e resumos.

De um modo geral, hoje em dia muito mais crianças sofrem por não serem suficientemente elogiadas do que são prejudicadas por elogios excessivos ou inadequados. A criança tem uma necessidade profunda não só de ser notada pelos adultos próximos em sua vida como também de ser afirmada, apreciada e estimada. Passar tempo com uma criança pode ser difícil quando todos são muito pressionados, mas os esforços para isso serão amplamente recompensados com entusiasmo e amor de uma criança que se sente segura e autoconfiante e deseja – e sabe como – se divertir e ser bem-sucedida.

Dizem que nós nos lembramos de no máximo dez por cento do que ouvimos ou lemos de cada vez. Tendo lido cem dicas e muitos outros comentários, pode ser útil você organizar seus pensamentos anotando dez coisas nas quais poderia seguramente começar a agir. Talvez algumas delas possam ser postas no lado das "coisas boas a fazer" e outras no lado das que "é melhor evitar". Priorize-as e experimente-as durante alguns dias e depois volte ao livro para expandir seu repertório a partir dessas experiências. Algumas darão certo para você; outras talvez não. A orientação importante é você usar as estratégias com as quais se sinta confortável, desde que, é claro, seu filho reaja bem a elas e os resultados sejam positivos.